Alexander Iliasa

Chancen und Risiken des Franchisings

Theoretische Grundlagen und Praxisbezug

Diplomica Verlag GmbH

Iliasa, Alexander: Chancen und Risiken des Franchisings: Theoretische Grundlagen und Praxisbezug. Hamburg, Diplomica Verlag GmbH 2013

Buch-ISBN: 978-3-8428-9639-0
PDF-eBook-ISBN: 978-3-8428-4639-5
Druck/Herstellung: Diplomica® Verlag GmbH, Hamburg, 2013

Bibliografische Information der Deutschen Nationalbibliothek:
Die Deutsche Nationalbibliothek verzeichnet diese Publikation in der Deutschen Nationalbibliografie; detaillierte bibliografische Daten sind im Internet über http://dnb.d-nb.de abrufbar.

© Diplomica Verlag GmbH
Hermannstal 119k, 22119 Hamburg
http://www.diplomica-verlag.de, Hamburg 2013
Printed in Germany

Inhaltsverzeichnis

I   Abkürzungs- und Tabellenverzeichnis

USt.   -   Umsatzsteuer

PR   -   Public Relations

24/7   -   Sieben Tage zu je 24 Stunden

1. Einleitung

1.1 Problemstellung

Das Konzept des Franchisings wird in Deutschland bereits seit über 30 Jahren praktiziert und hat sich mit einem letztjährigen Branchenumsatz von mehr als 60 Milliarden Euro zu einem dementsprechend bedeutenden Wirtschaftsfaktor entwickelt. Triebfedern dieser Entwicklung sind unter anderem die multiplen Einsatzmöglichkeiten des Franchisings. Viele Existenzgründer wählen den Beitritt eines Franchise-Systems für ihre Unternehmensgründung aus, zahlreiche Unternehmen ergänzen ihren Vertrieb um den Absatzkanal „Franchising" und einige national erfolgreiche Konzepte multiplizieren sich via Franchising auf internationaler Ebene.

Hinsichtlich des Gründungsaspektes fungiert das Franchising hauptsächlich als Alternative zu einer Unternehmensgründung im Alleingang, einer Unternehmensnachfolge, Freiberuflichkeit oder Handelsvertretung. Den partiellen Erfolgsbezug spiegelt die wachsende Anzahl der Franchise-Nehmer wider. Die Franchise-Wirtschaft konnte deutschlandweit in den Jahren 2009 bis 2011 saldiert ungefähr 5900 zusätzliche Franchise-Nehmer gewinnen[1]. Deren Existenzgründungen stehen zeitraumbezogen für circa 8,4 Prozent des allgemeinen Gründungssaldos (2009-2011: 70.600)[2]. Die Nutzung des Franchisings als dezentrale Vertriebsform kann u. a. die Intention nach Umsatzwachstum, Vertriebsdiversifikation oder Umsetzung des Multi-Channel-Vertriebsansatzes (Mehrkanalvertrieb) implizieren. Insbesondere im Vergleich zum zentral organisierten und betriebseigenen Filialsystem grenzt sich eine Franchise-Kooperation mit rechtlich selbständigen Vertriebspartnern hinreichend ab. Die vertrieblichen Alternativen eines potenziellen Franchise-Gebers sind beispielsweise der E-Commerce (elektronischer Kommerz – sprich Internetshop, Internetmarktplatz, Internetauktionsverkauf etc.), der Versandhandel, der Einzelhandel, der Großhandel, der Strukturvertrieb, Handelsreisende oder das Factory Outlet (Fabriklagerverkauf).[3]

Franchising als Internationalisierungsform konkurriert größtenteils mit der Belieferung des Groß- und Einzelhandels vor Ort via Export. Des Weiteren umfasst das globale Markteintrittsspektrum noch die Firmenübernahme eines lokal etablierten Unternehmens oder die

---

[1] Vgl. DFV (2012), S. 8-11.

[2] Vgl. Günterberg, B. (2012), S. 2-6; IfM Bonn (2012), S. 1.

[3] Vgl. Heinemann, G. (2008), S. 19-22; Kadgiehn, H. (2009), S. 9-11.

Gründung einer Auslandsniederlassung mit bzw. ohne damit verknüpfter Produktionsansiedlung. Auch innerhalb des internationalen Franchisings kann zwischen dem Franchising in Eigenregie, dem Franchising per Joint Venture (Gemeinschaftsunternehmen), dem Area Development (Gebietsentwicklung) und dem weitverbreiteten Master-Franchising unterschieden werden. Derlei facettenreiche Motive geben die unternehmerische Tragweite des Franchising-Konzeptes wieder. Dieser Status wird von der numerischen Branchenumsatzentwicklung mit positiver Tendenz flankiert. De facto ergab im Jahre 2000 die Relation des jährlichen Franchise-Umsatzes zum deutschen Bruttoinlandsprodukt den prozentualen Anteil in Höhe von 1,07 (22 zu 2047 Milliarden Euro pro Jahr), wohingegen sich dieser Relationswert bis in das Jahr 2011 auf etwa 2,33 Prozent mehr als verdoppelt hat (60,4 zu 2592 Milliarden Euro pro Jahr)[4].[5]

Das Franchise-Konzept ist allerdings nicht per se die optimalste Gründungs-, Vertriebs-, Wachstums- oder Internationalisierungsform. Es bedarf stets einer individuellen Betrachtung der expliziten Ausgangssituation, um unter der Berücksichtigung situationsrelevanter Chancen und Risiken eine nachhaltige Entscheidung für oder gegen das Konzept des Franchisings bzw. ein Franchise-System zu treffen. Einen solchen Überblick über die Chancen und Risiken des Franchisings schafft dieses wissenschaftliche Buch in multiperspektivischer und praxisbezogener Darstellung.

1.2   Zielsetzung

Die Zielsetzung dieses Buches ist es, die Chancen und Risiken des Franchisings zu überblicken und anhand des Franchise-Systems „global office" praxisbezogen zu erweitern. Die thematische Fundierung wird mittels der theoretischen Grundlagen gewährleistet. Im Hinblick auf die Kapitelchronik sei hervorzuheben, dass eine multiperspektivische Gestaltung in beiden Hauptteilen angestrebt wurde, welches im Detail dazu führte, dass die Grundlagen um die Prozessdarstellung der Systemkonzeption ausgeweitet wurden und die Bearbeitung des Titelthemas mit der Perspektiveneinteilung in die Franchise-Nehmer- und Franchise-Geber-Sicht abgerundet wurde.

---

[4] Vgl. CRP-Infotec (2012), S. 1; DFV (2010), S. 4.

[5] Vgl. Helge, M. K.; Holtbrügge, D. (2003), S. 99-126.

1.3 Inhaltliche Abfolge

Dieses Buch handelt von der Thematik des Franchisings im Allgemeinen, den konzeptionellen Chancen und Risiken im Wesentlichen und den systemspezifischen Chancen und Risiken eines Praxisbeispiels im Speziellen. Zur sachgerechten Bearbeitung dieser Themenpunkte ist dieses wissenschaftliche Buch zweigeteilt. Im ersten, theoretischen Teil (Kapitel 2) werden die Grundlagen des Franchise-Konzeptes beschrieben. Diese umfassen die Begriffsdefinition, die Facts & Figures (Zahlen und Fakten), das Vier-Phasen-Modell der Konzeptionierung eines Franchise-Systems sowie die Hauptbestandteile eines Franchise-Systems nebst Franchise-Vertrag, Franchise-Handbuch, Systemmanagement und der Systemzentrale. Im zweiten, themenspezifischen Teil (Kapitel 3) wird ein Überblick über franchise-relevante Chancen und Risiken aus multiperspektivischer Sicht verschafft und um systemtypische Aspekte hinsichtlich des Praxisbeispiels „global office" ergänzt. In einem Fazit (Kapitel 4) werden die zentralen Ergebnisse dieses Werkes kritisch erörtert und von einem Themenausblick komplettiert. Hinsichtlich der gewählten Fußnotensetzung und -handhabung ist zu erwähnen, dass sich Fußnoten vor dem Satzpunkt ([x].) nur auf den besagten Satz beziehen, wohingegen die nach dem Satzpunkt (.[x]) Bezug auf den vorhergehenden Absatz nehmen.

2.   Theoretische Grundlagen des Franchisings

2.1   Definition

Die Begrifflichkeit und der Sachverhalt des Franchisings finden in der Literatur verschieden variierte und akzentuierte Definitionen sowie Beschreibungen. Dieses wissenschaftliche Buch orientiert sich grundsätzlich an der Definition nach Kaub:

„Franchising ist ein vertikal-kooperativ organisiertes Absatzsystem rechtlich selbständiger Unternehmen auf der Basis eines vertraglichen Dauerschuldverhältnisses. Das System tritt am Markt einheitlich auf und wird geprägt durch das arbeitsteilige Leistungsprogramm der Systempartner sowie durch ein Weisungs- und Kontrollsystem eines systemkonformen Verhaltens"[6].

Die kooperative Partnerschaft ist dadurch gekennzeichnet, dass sich selbständige Unternehmer gemeinsam auf ein wirtschaftliches Ziel verständigen und dieses gewillt sind, durch Einvernehmlichkeit und vertraglich fixierte Rahmenbedingungen zu erreichen. Die vertikale Unternehmenskonstellation deutet auf die rechtliche Eigenständigkeit aller beteiligten Wirtschaftsakteure bei gleichzeitiger Anerkennung der Führungsrolle des Franchise-Gebers hin. Das Franchising erlaubt es dem Franchise-Geber und einer Mehrzahl von Franchise-Nehmern, sich aufgrund einer sinnvollen Arbeitsteilung auf die jeweiligen Kernkompetenzen zu konzentrieren. Somit kann der Franchise-Geber Teilaufgaben besser bündeln und mit Hilfe von Verbundvorteilen effizienter ausführen. Die eigenständigen Franchise-Nehmer hingegen nutzen ihre Nähe zum Kunden und fokussieren sich auf die effektive Bearbeitung der lokalen Märkte. Diese Vorteile können auch als die Kooperationsrenten aller Kooperationspartner bezeichnet werden. Je höher diese für den Einzelnen ausfallen, desto nachhaltiger ist auch sein Interesse an einer solchen Partnerschaft. Als Kernbedingung gilt somit die „Partnership for profit" – Partnerschaft zum eigenen Profit[7]. Verglichen mit den wirtschaftlichen Zielen von filialbasierten Unternehmen, unterscheiden sich die Ziele der Franchise-Geber nur marginal von diesen. Franchise-Geber profitieren von der beschleunigten Markterschließung via Franchise-Nehmer-Investitionen und teilen sich im Gegenzug die Gewinnströme mit den involvierten und engagierten Franchise-Nehmern.[8]

---

[6] Kaub, E. (1980), S. 29.

[7] Vgl. Garmaier, G. (2009), S. 8.

[8] Vgl. Ahlert, M.; Duong Dinh, H.-V.; Gehrmann, K. (2010), S. 30; Peckert, F. (2007a), S. 23-26.

2.2 Facts & Figures

Die deutsche Franchise-Branche hat in den letzten Jahren kontinuierlich an Bedeutung und Geschäftsvolumina gewonnen. Laut dem DFV, dem Deutschen Franchise-Verband e.V. aus Berlin, zählte im Jahre 2009 der Reiseveranstalter TUI mit 1405 Outlets die meisten Franchise-Outlets in Deutschland, gefolgt von McDonald`s (1334 Outlets) und Schülerhilfe (1023 Outlets) auf den Plätzen zwei und drei[9]. Die folgende **Tabelle 1** stellt einen Auszug von relevanten Wirtschaftszahlen dar, indem die Jahreswerte für 2011 mit den Daten der Jahre 2009 und 2010 in Relation gesetzt werden. Ein besonderes Augenmerk liegt auf der prozentualen Veränderung im Zeitraum 2010 bis 2011. Im Einzelnen wird die Anzahl von Franchise-Systemen und -Nehmern betrachtet, ergänzt um den Franchise-Branchenumsatz und die Summe der Franchise-Beschäftigten.

Tabelle 1:Franchise-Wirtschaft 2011

	Jahr 2009	Jahr 2010	Jahr 2011	Veränderung 2011/2010
Franchise-Systeme	980	985	990	+ 1,0%
Franchise-Nehmer	61.000	65.500	66.900	+ 2,1%
Franchise-Umsatz	44,0 Mrd. €	55,0 Mrd. €	60,4 Mrd. €	+ 9,8%
Franchise-Beschäftigte	459.000	463.000	496.300	+ 7,1%

In Anlehnung an: DFV (2012), S. 10-17.

Besonders auffällig ist das überdurchschnittliche Umsatzwachstum der Franchise-Wirtschaft um 9,8 Prozent im Jahre 2011, im Vergleich zur gleichperiodischen Zunahme der deutschen Gesamtwirtschaftsleistung um nominal 3,84 Prozent[10]. Der Branchenmix der Franchise-Wirtschaft für das Jahr 2011 wurde mit circa 37 Prozent vom Dienstleistungssektor angeführt. Mit 32 Prozent folgte der Handel, mit 19 Prozent belegte die Gastronomie-Touristik-Freizeit-Branche den dritten Platz und mit knapp 12 Prozent wird der Mix von der Handwerksbranche komplettiert.[11]

Eine genauere Betrachtung der anfangs von den Franchise-Nehmern zu erbringenden Investitionssummen zeigt auf, dass bei 58,2 Prozent der Franchise-Systeme eine

---

[9] Vgl. DFV (2010), S. 5.

[10] Vgl. CRP-Infotec (2012), S. 1.

[11] Vgl. DFV (2012), S. 10-17.

Gesamtinvestition im ersten Jahr von bis zu 50.000 Euro erforderlich ist, inklusive der einmaligen Franchise-Gebühr. Bei weiteren 22,7 Prozent liegt die Investitionssumme zwischen 50.000 und 100.000 Euro und die restlichen 19,1 Prozent der Franchise-Systeme erfordern eine Gesamtinvestition von mehr als 100.000 Euro.[12]

2.3 Vier-Phasen-Modell der Realisierung eines Franchise-Systems

Die Etablierung eines neuen Franchise-Systems durchläuft in der Regel von der Idee bis hin zu einer erfolgreichen Realisierung vier idealtypische Phasen.

2.3.1 Erste Phase: Entscheidungsphase

In dieser Phase muss ein potenzieller Franchise-Geber sein Interesse an der Thematik konkretisieren. Hierbei helfen Seminare, Fachliteratur, Messen oder externe Franchise-Coachings, sich kundig zu machen und über die Entwicklung eines Franchise-Systems zu entscheiden[13]. Die Erfolgsvoraussetzungen für ein Franchise-System sind vielfältig. Anfangs gilt es besonders auf ein nachhaltiges Marktpotenzial und auf nachweisbare Wettbewerbsvorteile des Produkt- und Dienstleistungsangebotes zu achten. Ein vorab erreichter Bekanntheitsgrad oder ein positives Image stellen naturgemäß immense Startvorteile dar. Darüber hinaus ist ein Geschäftskonzept nur dann wirkungsvoll per Franchising multiplizierbar, wenn die vor Ort beim Kunden zu erbringenden Leistungen und Aufgaben auf einen Franchise-Nehmer übertragen werden können, d. h. nicht stark personen- oder ortsabhängig sind. Die Franchisefähigkeit umschließt auch die Unternehmung, denn das ambitionierte Vorhaben einer Systemgründung stellt auch hohe Ansprüche an die eigene Kapital- und Know-how-Basis. Das angestrebte Angebot einer „schüsselfertigen" Existenz erfordert die professionelle Erarbeitung des Marktangebotes und dessen ausreichende Erprobung. Dies impliziert neben dem Bedarf an Expertenwissen auch beträchtliche, finanzielle Belastungen bei anfangs ausbleibenden Einnahmen. Zur Sicherstellung der nötigen Personalkapazität gilt es, im Falle einer zugunsten der Entwicklung getroffenen Entscheidung, die Franchise-Verantwortlichen zu identifizieren und die Funktionalität einer rudimentären Franchise-Zentrale herzustellen[14].[15]

---

[12] Vgl. Institut für Markenfranchise (2012a), S. 1.

[13] Vgl. Martius, W. (2010a), S. 23.

[14] Vgl. Peckert, F. (2007a), S. 57.

[15] Vgl. Syncon Deutschland (2010), S. 3-24.

2.3.2 Zweite Phase: Entwicklungsphase

Das anfangs kleine Start up-Team der Franchise-Zentrale wächst in den folgenden Monaten einerseits zu einer Systemzentrale zwecks benötigter Administration und Organisation heran und andererseits zu dem eigentlichen Systemmanagement. Ziel dieses Projektstadiums ist die Entwicklung eines mit den Unternehmenszielen konformen Marktauftrittes. Dieser Marktauftritt muss in Zukunft von der Franchise-Zentrale koordiniert, geführt und mit Hilfe von selbständigen Franchise-Nehmern multipliziert werden. Dazu müssen alle erfolgskritischen Elemente standardisiert und durchdacht gestaltet werden, um am Markt als eine erlebbare Einheit wahrgenommen zu werden. Allerdings gilt es ebenfalls, vom Wettbewerb klar unterscheidbar und für potenzielle Kunden und Franchise-Nehmer attraktiv zu sein. Kernelemente des Marktauftrittes sind das Marken-, Sortiments-, Vertriebs- und Marketingkonzept ergänzt um den Betriebstyp und die einheitliche Corporate Identity (Unternehmensidentität). Ein professionell konzipiertes Logo nebst Slogan und grafischem Layout ist in Bezug auf die späteren Outlets und deren Ladenschilder von besonders einflussreicher Signalwirkung[16]. Anschließend bildet das erarbeitete Konzept die Basis für das auszuformulierende Franchise-Handbuch und den darauf abgestimmten Franchise-Vertrag. Spätestens während dieser Projektphase ist die Konsultierung von juristischem Beistand und externem Franchise-Expertenwissen zu empfehlen.[17]

2.3.3 Dritte Phase: Pilotisierungsphase

Franchise-Geber sollten ihr Geschäftskonzept komplett und ganzheitlich entwickeln, um mit einem optimal abgestimmten Leistungspaket und erfolgreich erprobten Betriebstypen ihr Franchise-System zufriedenstellend am Markt platzieren zu können. Nur so kann zukünftig mehreren Unternehmern eine erfolgsversprechende Existenz angeboten werden. Diese Konzeptfinalisierung findet in der sogenannten Pilotisierungsphase statt. Hierbei gilt es, mit einem oder mehreren fremdgeführten Pilotbetrieben das theoretische Konzept erstmals in der Praxis umzusetzen. Idealerweise wird diese Projektphase durch die Führung eines weiteren selbstgeführten Pilotbetriebes ergänzt. Der angestrebte Nutzen der gesammelten Erfahrungen besteht darin, Schwächen des Konzeptes aufzudecken bzw. zu

---

[16] Vgl. Ströbele AG (2012), S. 1 f.

[17] Vgl. Martius, W. (2010a), S. 23; Peckert, F. (2007a), S. 25-33.

eliminieren und die Stärken weiterzuentwickeln. Laut dem Deutschen Franchise-Verband e.V. wird eine durchschnittlich einjährige Pilotisierungsphase empfohlen, solange innerhalb dieser die Rentabilität der Pilotbetriebe im Jahresendergebnis nachgewiesen werden kann.[18]

Das ergebnisreiche Durchlaufen der dritten Projektphase sollte in der Ausarbeitung folgender Kernelemente münden:[19]

- Marktauftritt inklusive überarbeitetem Marketingkonzept (lokal/überregional)

- detaillierte Ausformulierung des Franchise-Handbuches

- Rentabilitätsberechnungen / Liquiditätsvorschauen der Pilotbetriebe

- Festlegung von angemessenen Gebühren, Kriterien der Standortanalyse und des Anforderungsprofils zukünftiger Franchise-Nehmer

- erarbeitetes Trainingsprogramm insbesondere für die Startschulung

2.3.4 Vierte Phase: Aufbauphase

Die Aufbauphase wird in der Praxis als eine sehr aufwändige und langwierige Etappe der Systemetablierung angesehen. Hohe Kosten für die Rekrutierung der ersten vier Franchise-Nehmer sind hierbei einzukalkulieren. Weiterhin müssen fehlende Systembausteine, wie z. B. das Controlling finalisiert werden, um die erfolgreiche Lancierung des Systems am Markt gewährleisten zu können. Ein besonderes Augenmerk sollte konsequenterweise den ersten Franchise-Nehmern gelten, da diese in den nachfolgenden Monaten bei der Rekrutierung neuer Franchise-Nehmer als Referenzen fungieren.[20]

Vor allem sei auch empfohlen, möglichst keine Franchisen an Bewerber aus derselben Branche zu vergeben. Denn viele Franchise-Geber haben die Erfahrung gemacht, dass derart Vorgebildete bereits gewisse Verhaltensweisen verinnerlicht haben und dementsprechend schwer neue Schemata aufnehmen wollen bzw. können. Diesbezüglich erscheint es oft sinnvoller, unerfahrenen Bewerbern alles gänzlich neu zu vermitteln.[21]

---

[18] Vgl. Flohr, E.; Wessels, A. M. (2008), S. 79 f.; Martius, W. (2010a), S. 15-23.

[19] Vgl. Martius, W. (2010a), S. 15-17; Pokrandt, A. (2008), S. 20 f.

[20] Vgl. Martius, W. (2010a), S. 23.

[21] Vgl. Kieser, W. (2008), S. 112.

Zudem ist es ratsam, mit diesen Pionieren einen sehr offenen Umgang zu pflegen und im Zweifelsfall mehr zu unterstützen, sowohl in materieller als auch in personeller Hinsicht, als es der Franchise-Vertrag tatsächlich verlangt. Nur so kann auf der Gegenseite auch die notwendige Akzeptanz erreicht werden, sich mit Konzeptkorrekturen und dem zusätzlichen Zeitaufwand für ausführliche Feedback-Gespräche zu arrangieren. Das wirtschaftliche Risiko trägt in dieser Aufbauphase de facto der Franchise-Geber, da er im Falle von kostspieligen Konzeptänderungen für die Pioniere und Pilotbetriebe die Kosten größtenteils selbst übernehmen muss und außerdem in der Lage sein sollte, Standorte von gescheiterten bzw. gekündigten Franchise-Nehmern aufzukaufen. Als Zeitraum für die Aufbauphase können zwischen vier bis acht Monate eingerechnet werden.[22]

Ein wichtiger Bestandteil dieser Aufbauphase ist der Eröffnungsprozess eines Franchise-Outlets. Die verbindliche Akquisition eines Franchise-Nehmers und die parallele Standortauswahl stellen den erfolgreichen Systemeinstieg eines neuen Geschäftspartners dar. Seitens der Franchise-Zentrale ist hier die Unterstützung bei der Erarbeitung des individuellen Business-Plans und der Finanzierungsberatung gefragt. Die Outlet-Fertigstellung liegt hauptsächlich im Verantwortungsbereich des Franchise-Systems, da der Inventaraufbau zentralgesteuert zu erfolgen hat und das Outlet schlüsselfertig übergeben werden sollte. Gleichzeitig sollte sich die Startschulung der ersten Franchise-Nehmer optimalerweise in einem Pilotbetrieb ereignen. Die Markteinführung des Outlets wird von einem standardisierten Eröffnungsmarketing und einer kompatiblen PR-Kampagne der Zentrale begleitet. All diese Aktivitäten finden im Rahmen des Franchise-Nehmer-Managements statt, welches im Abschnitt 2.4.4.2 näher erläutert wird.[23]

2.4 Hauptbestandteile eines Franchise-Systems

Der immense Funktionsumfang eines Franchise-Systems wird am ehesten in der Komplexität und Quantität seiner einzelnen Hauptbestanteile verkörpert. Hier werden elementare Instrumente in Form des Franchise-Vertrages und -Handbuches durch das institutionelle Systemmanagement und die Systemzentrale ergänzt.

---

[22] Vgl. Peckert, F. (2007a), S. 54-57.

[23] Vgl. Martius, W. (2010a), S. 165 f.

2.4.1 Franchise-Vertrag

Der Franchise-Vertrag ist die rechtliche Grundlage des Dauerschuldverhältnisses zwischen dem Franchise-Geber und dem Franchise-Nehmer. Ein solcher Vertrag orientiert sich an gewissen rechtlichen und formalen Aspekten, sollte empfehlenswerterweise im Einklang mit dem Ethikkodex des Deutschen Franchise-Verbandes stehen sowie die Pflichten und Rechte der Vertragsgruppen beinhalten.

2.4.1.1 Rechtliche und formale Aspekte

Ein Franchise-Vertrag muss die Grundsätze und Richtlinien der Zusammenarbeit detailliert darstellen. Da der Franchise-Vertrag nicht alle relevanten Fragen und Aspekte für die tägliche Arbeit im Franchise-System abschließend regeln kann, gilt es, innerhalb dessen ausdrücklich darauf hinzuweisen, dass das Franchise-Handbuch (siehe Abschnitt 2.4.2) und der Inhalt des laufenden Trainingsprogrammes ebenfalls als Vertragsbestandteile fungieren (siehe Abschnitt 2.4.4.3). Für das Franchise-Recht gibt es in Deutschland keine ausdrückliche, gesetzliche Regelung. Daher sind die allgemeinen Vorschriften des deutschen Zivilrechtes für eine rechtliche Bewertung und Überprüfung von Franchise-Verträgen zurate zu ziehen. Zudem müssen die nationalen und europäischen Richtlinien des Kartellrechts berücksichtigt werden, da eventuelle Verstöße oftmals mit hohen Bußgeldern behaftet sind. In der Regel werden die Franchise-Verträge seitens des Franchise-Systems mehrmals verwendet und stellen somit einen Formularvertrag im Sinne von § 305 Absatz 1 BGB dar. Demzufolge muss u. a. die vertragliche Einheitlichkeit und die Gleichbehandlung der Franchise-Nehmer gewährleistet werden[24]. Weitere Vertragselemente entspringen dem Pacht-, Dienst-, Werk-, Handelsvertreter- und Gesellschaftsrecht.[25]

Ein ebenso kritisches Vertragselement ist die rechtliche Wahrung der Selbständigkeit des Franchise-Nehmers. Ergo darf eine seitens des Franchise-Gebers vorgegebene, strenge Systembindung und die eingeforderte Richtlinien- und Weisungskompetenz nicht Kernelemente der unternehmerischen Selbständigkeit des Franchise-Nehmers, wie die Preisgestaltung oder Personalentscheidungen, beeinträchtigen. Ein weiteres Indiz für die Wahrung der Selbständigkeit ist dem Oberlandesgericht Düsseldorf zufolge, der Tatbestand einer möglichen Verfügung oder einer Übertragungsmöglichkeit des Franchise-Vertrages

---

[24] Vgl. WEKA MEDIA (2012), S. 1 f.

[25] Vgl. Flohr, E. (1998), S. 165-174; Klapperich, J. (2007), S. 147-151.

seitens des Franchise-Nehmers. Ein eventueller Nachweis der Scheinselbständigkeit eines Franchise-Nehmers kann für beide Vertragsparteien zu weitreichenden Konsequenzen führen. Der Franchise-Geber kann rückwirkend für nicht abgeführte Sozialabgaben haftbar gemacht werden und der Franchise-Nehmer würde gegebenenfalls einem Angestellten gleich der Kündigungsschutzregelung unterliegen und eine Lohnfortzahlung im Krankheitsfall einfordern können.[26]

Hinsichtlich der zu vereinbarenden Vertragslaufzeit wird in der Praxis eine Erstlaufzeit von fünf Jahren favorisiert, um dem Franchise-Nehmer einerseits die Investitionsamortisation innerhalb der regulären Vertragslaufzeit zu ermöglichen und um ihn andererseits nicht übermäßig lang zu binden. Im Falle einer längeren Erstlaufzeit muss der Anwendungs-bereich der EU-Gruppenfreistellungsverordnung für vertikale Vertriebsvereinbarungen berücksichtigt werden.[27]

Ein ausformulierter Gebietsschutz ist ein optionaler Vertragsbestandteil. Die inhaltliche und geografische Festlegung einer solchen Klausel hat in eindeutiger und detaillierter Form zu erfolgen. Allerdings ist die Vergabe von Franchise-Gebieten gesetzlich an gewisse Rahmenbedingungen gebunden und sollte daher nur unter Einbeziehung des Gesetzes gegen Wettbewerbsbeschränkungen (GWB) und der EU-Gruppenfreistellungsverordnung stattfinden. Falls der Franchise-Geber einer nachvertraglichen Konkurrenzsituation mit dem Franchise-Nehmer entgehen möchte, kann der Vertrag um ein nachvertragliches Wettbewerbsverbot ergänzt werden. Dieses gilt es, räumlich, inhaltlich und zeitlich zu begrenzen und erfordert laut § 90a HGB eine angemessene Karenzentschädigung für den Franchise-Nehmer.[28]

Mit Blick auf die zukünftige Wettbewerbsfähigkeit ist es als Franchise-Geber zu befürworten, sich vertraglich das Recht einzuräumen, das Konzept als Reaktion auf neue bzw. geänderte Marktbedingungen abändern oder umstrukturieren zu können.[29]

Die Regelung von eventuellen Streitigkeiten kann vertraglich auch so fixiert werden, dass beide Parteien vereinbaren, stets ein Schiedsgericht als Schlichtungsinstanz zu nutzen.

---

[26] Vgl. Flohr, E.; Schulz, A.; Wessels, A. M. (2008), S. 210; Klapperich, J. (2007), S. 153 f.

[27] Vgl. Klapperich, J. (2007), S. 164.

[28] Vgl. Klapperich, J. (2007), S. 164 f.; Martius, W. (2010a), S. 142.

[29] Vgl. startothek (2012), S. 7.

Der folgerichtige Entfall der zeit- und kostenintensiven Verfahrenswege bringt zudem den Vorteil der Diskretion mit sich, da Schiedsgerichtentscheidungen im Gegensatz zu Gerichtsurteilen nicht publiziert werden. Laut §§ 1025 bis 1066 ZPD ist das Urteil des Schiedsgerichtes rechtskräftig. Aus formaler Sicht hat sich die Einleitung des Vertrages in Form einer Präambel etabliert. Diese gibt Auskunft über die charakterlichen Grundlagen und Merkmale des Franchise-Systems. Zudem beinhaltet sie noch die angestrebten Ziele der Zusammenarbeit zwischen den Vertragsparteien.[30]

Im Allgemeinen wird zudem empfohlen, mit der tatsächlichen Vertragsumsetzung die gesetzliche Widerrufsfrist von zwei Wochen abzuwarten, da in gewissen Vertragskonstellationen laut den §§ 495, 499 und 505 BGB in Verbindung mit dem § 355 BGB dem Franchise-Nehmer ein Widerrufsrecht eingeräumt werden muss. Ein Musterverzeichnis des Franchise-Vertrages kann als **Anlage 1** im Anhang begutachtet werden, obgleich dieses Verzeichnis als Illustration ohne finalen, universellen und vollständigen Charakter anzusehen ist[31].[32]

2.4.1.2 Ethikkodex des DFV

Der Deutsche Franchise-Verband (DFV) wurde 1978 in Berlin gegründet, um das Franchising in Deutschland als kooperatives Vertriebssystem zu fördern und die Interessen der Franchise-Wirtschaft zu vertreten. Aus diesen Motiven ist im Jahre 2008 der Ethikkodex entsprungen und fungiert seither als Verhaltenskodex der Branche. Ziel des Kodexes ist es, mit Hilfe der Formulierung von Leitsätzen eine Sammlung von relevanten Vorschriften fairer Handlungsweisen für die Franchise-Praxis hervorzubringen. Die Leitsätze orientieren sich an den Pflichten der Vertragsparteien, der Franchise-Nehmer-Rekrutierung und an dem Franchise-Vertrag. Darüber hinaus dienen sie als sachdienliche Ergänzungen zu den rechtlichen Vorgaben und stellen für die Franchise-Systeme Muss-Kriterien einer Mitgliedschaft im DFV dar.[33]

Bezüglich der Pflichten der Vertragsparteien besagen die Vorschriften des Ethikkodexes, dass beispielsweise das Geschäftskonzept des Franchise-Systems eine erfolgreiche

---

[30] Vgl. Köster, J. (2007), S. 45-68.

[31] Vgl. Flohr, E.; Schulz, A.; Wessels, A. M. (2008), S. 190 f.

[32] Vgl. Klapperich, J. (2007), S. 163.

[33] Vgl. DFV (2011), S. 2-15.

Pilotisierungsphase absolvieren muss, mit wenigstens einem Pilotbetrieb und einer angemessener Phasendauer. Ferner sei der Franchise-Nehmer ausdrücklich dazu verpflichtet, die gemeinschaftliche Identität und den guten Ruf des Franchise-System zu wahren. Die Leitsätze zum Franchise-Vertrag beinhalten u. a. die Verpflichtung seitens des Franchise-Gebers, diesen Ethikkodex in seiner aktuellsten Fassung dem potenziellen Franchise-Nehmer vor Vertragsabschluss auszuhändigen. Ebenso sollte der Franchise-Vertrag Bestimmungen implizieren, die die Verkaufs- und Übertragungsrechte des Lizenzinhabers und eventuelle Vorkaufsrechte des Lizenzgebers regeln. Eine Erweiterung um die Offenlegung der Gebühren zur Verlängerung bzw. Erneuerung eines Franchise-Vertrages nach französischem Vorbild wird noch diskutiert[34].[35]

Unter dem Tenor der fairen Verhaltensweisen, nimmt der Ethikkodex den Franchise-Geber als Besserinformierten besonders in die Pflicht und fordert nachdrücklich:

„Ein Franchise-Geber sollte nur solche Franchise-Nehmer auswählen und akzeptieren, die aufgrund einer sorgfältigen Überprüfung in ausreichendem Umfang über die notwendigen Grundkenntnisse, die Ausbildung, die persönliche Eignung und die finanziellen Mittel verfügen, um einen Franchise-Betrieb [bzw. –Outlet] zu führen"[36].

2.4.1.3 Pflichten und Rechte der Vertragsparteien

Ein Franchise-Vertrag muss die Pflichten und Rechte der Vertragsparteien in nachvollziehbarer, verständlicher und zusammenhängender Form dokumentieren. Dies entspricht der angestrebten Transparenz und ermöglicht es vor allem dem potenziellen Franchise-Nehmer, die Tragweite der vertraglichen Verpflichtungen sachgemäß einzuschätzen. Im Grunde beschreibt das Kooperationsverhältnis zwischen Franchise-Geber und Franchise-Nehmer die grundsätzliche Vereinbarung, wonach der Franchise-Nehmer das Recht erwirbt, das Produkt- bzw. Dienstleistungssortiment unter der Marke des Franchise-Gebers zu vertreiben (Absatzförderungsrecht) und sein erprobtes Geschäfts-konzept zu nutzen (Systemanwendungsrecht). Im Gegenzug erhält der Franchise-Geber zu Beginn vom Vertragspartner eine einmalige Aufwandsentschädigung (Eintrittsgebühr),

---

[34] Vgl. Zinnäcker, M. (2012), S.1-3.

[35] Vgl. DFV (2011), S. 14-17.

[36] DFV (2011), S. 16.

eine über den Zeitraum der Vertragsbeziehung laufende Umsatzbeteiligung (Franchise-Gebühr) und die Einräumung von Einsichts-, Prüfungs- und Kontrollrechten.[37]

Beginnend mit den Pflichten des Franchise-Gebers fällt das Hauptaugenmerk auf sein Geschäftskonzept. Dieses muss bereits vor Vertragsabschluss mit einem Franchise-Nehmer vollständig entwickelt, angemessen getestet und nachweislich erfolgreich sein. Mit Unterzeichnung des Franchise-Vertrages kommt die Verpflichtung zur fortwährenden Systemüberprüfung und -aktualisierung hinzu. Ein weiterer Pflichtenbereich thematisiert die Systemeingliederungspflicht und die Betriebsförderungspflicht als elementare Inhalte des Pflichtenkataloges. Diese Pflichten besagen, dass der Franchise-Geber dem Vertragspartner bei der Systemeingliederung behilflich sein muss und er nach der Eröffnung des Outlets zu dessen Förderung gebunden ist. Die Führungs- und Betreuungspflicht komplettiert diesen Pflichtenbereich. Diesbezüglich gilt es, mit Hilfe der betriebswirtschaftlichen Beratung vor Ort, der tatkräftigen Unterstützung bei der Outlet-Eröffnung und mit Hilfe der nachhaltigen Informationsversorgung nebst Betriebsanalysen diesen Pflichten nachzukommen. Es folgt die Know-how-Dokumentation als Schnittmenge des Geschäftskonzeptes und der Betreuungspflicht. Dieses Franchise-Wissen obliegt der Pflicht einer schriftlichen Wissensdokumentation in Form des Franchise-Handbuches (siehe Abschnitt 2.4.2), der protokollierten Aushändigung an den Franchise-Nehmer und seine Mitarbeiter sowie der persönlichen Vermittlung innerhalb des Trainingsprogrammes.[38]

Die langfristige Kooperation zwischen Franchise-Geber und -Nehmer im Rahmen eines Dauerschuldverhältnisses erfordert von beiden Vertragsparteien die gegenseitige Einhaltung von besonderen Sorgfalts- und Treuepflichten. Seitens des Franchise-Gebers machen sich diese insbesondere in Form von vorvertraglichen Aufklärungspflichten bemerkbar. Hiernach muss er vor Vertragsunterzeichnung gewisse Richtlinien einhalten, die die vollständige Aufklärung eines potenziellen Franchise-Nehmers sicherstellen sollen. Beispielsweise muss jegliche verbale und non-verbale Kommunikation seitens des Franchise-Systems auf Basis von vollständigen und korrekten Daten erfolgen.

---

[37] Vgl. Klapperich, J. (2007), S. 150-159.

[38] Vgl. Flohr, E. (1998), S. 78-93; Klapperich, J. (2007), S. 146-157.

Diese Auskunftspflichten beruhen auf dem § 311 Absatz 2 BGB und dem Ethikkodex. Weitere vorvertragliche Pflichten des Franchise-Gebers sind u. a.:[39]

- Erläuterung aller Leistungen seitens des Franchise-Gebers

- Erläuterung der Franchise-Gebühren und sonstiger Zahlungsforderungen

- Durchführung einer professionellen Standortanalyse

- Aufklärung über die Handhabung von evtl. Einkaufsvorteilen oder Werbekostenzuschüssen seitens der Lieferanten[40]

- Aufklärung über den erforderlichen Kapital- und Arbeitseinsatz des Gründers

- Information über die finanzielle Lage des Franchise-Gebers

- Aushändigung der Betriebskennzahlen vergleichbarer Franchise-Outlets

- Vorlage des Franchise-Vertrages zuzüglich aller üblichen, standardisierten Anlagen

- Hinweisung auf besondere, systemspezifische Risiken

Eine Pflichtverletzung der vorvertraglichen Aufklärung erzwingt beim Vertragspartner den Anspruch auf Schadensersatz. Daher empfiehlt sich die Verwendung und Signierung einer Checkliste. Die Sichtung des Franchise-Handbuches muss im vorvertraglichen Kooperationsstadium nicht gewährt werden.[41]

Die vorvertraglichen Aufklärungspflichten des potenziellen Franchise-Nehmers beschränken sich auf die wahrheitsgemäßen Angaben seiner beruflichen Laufbahn, persönlichen Kompetenzen und finanziellen Rahmenbedingungen. Die eigentlichen Hauptleistungspflichten sind die Gebühren-, Absatzförderungs- und System-anwendungspflicht. Diese enthalten die vertraglichen Vorgaben der konsequenten Konzeptnutzung, lokalen Absatzförderung und aktiven Marktbearbeitung (oftmals gekoppelt an das Recht auf Gebietsschutz[42]).[43]

---

[39] Vgl. Klapperich, J. (2007), S. 159 ff.; Schäfer, G. (2007), S. 141-269.

[40] Vgl. Flohr, E. (2010), S. 499.

[41] Vgl. Flohr, E. (2008), S. 547; Voigt, A. (2012), S. 1-3.

[42] Vgl. Martius, W. (2010a), S. 141.

2.4.1.4 Franchise-Gebühren

Der Franchise-Nehmer zahlt als Gegenleistung für die vom Franchise-Geber erbrachten Leistungen Gebühren. Diese lassen sich zumeist in eine einmalige Eintritts- bzw. Einstiegsgebühr und in eine monatliche Franchise-Gebühr unterteilen. Viele Franchise-Systeme machen zudem von einer laufenden Werbegebühr oder einem Werbekosten-zuschuss Gebrauch und bieten im Rahmen des Trainingsprogrammes auch kostenpflichtige Spezialmaßnahmen an, in Addition zu dem häufig kostenlosen Basistraining. Die Eintritts-gebühr kann u. a. als Kompensation für die bezüglich der Betriebseingliederungspflicht vom Franchise-Geber verrichteten Ausstattungs- und Einrichtungsleistungen betrachtet werden. Des Weiteren impliziert sie auch eine Vergütung für die Zurverfügungstellung eines erfolgserprobten Geschäftskonzeptes. Allerdings ist eine solche Gebühr rechtlich im Falle eines nicht erprobten Konzeptes unzulässig. Ein unter solchen Umständen abgeschlossener Vertrag wird als sittenwidrig eingestuft. Vor diesem Hintergrund ist der Franchise-Geber darstellungs- und beweispflichtig. Hinsichtlich der weiteren, monatlichen oder einmaligen Gebühren ist es ratsam, vertraglich festzuhalten, für welche expliziten Leistungen des Franchise-Gebers diese zu erbringen sind.[44]

Im Hinblick auf die Franchise-Gebühr haben sich in der Franchise-Wirtschaft gewisse Rahmenbedingungen bewährt. Erfahrungsgemäß fallen sie beim Vertrieb von Produkten geringer aus (circa 1,5 bis 5 Prozent vom Nettoumsatz) als bei der Bereitstellung von Dienstleistungen (etwa 4 bis 12 Prozent) und liegen im Branchenschnitt bei etwa 4,6 Prozent vom Nettoumsatz (oder pauschal 480 Euro pro Monat zzgl. Umsatzsteuer).[45]

Vervollständigt werden die branchenweiten Durchschnittswerte mit einer Eintrittsgebühr von 7500 Euro (zzgl. USt.) und einer Werbegebühr von 1,8 Prozent (pauschal 285 Euro zzgl. USt.).[46]

---

[43] Vgl. Garmaier, G. (2009), S. 17; Köster, J. (2007), S. 150-165.

[44] Vgl. Flohr, E. (1998), S. 129-137; Klapperich, J. (2007), S. 157 f.

[45] Vgl. Brecht-Hadraschek, B. (2012), S. 2; Martius, W. (2010a), S. 199.

[46] Vgl. Brecht-Hadraschek, B. (2012), S. 2.

2.4.2 Franchise-Handbuch

Das Franchise-Handbuch schildert in wörtlicher und bildlicher Form u. a. die system-relevante Marktsituation, das Geschäftskonzept, die USPs (Unique Selling Propositions bzw. Alleinstellungsmerkmale), das Leistungsportfolio sowie die Richtlinien und Vorschriften für eine effiziente Kooperation zwischen Franchise-Geber und -Nehmer.[47]

Unter rechtlicher Betrachtung ist eine ausführliche Dokumentation des systemspezifischen Know-hows notwendig, um laut EU-Gruppenfreistellungsverordnung (für vertikale Kooperationen) als Franchise-Geber eingeordnet zu werden. Ort dieser Dokumentation ist das Franchise-Handbuch, welches parallel auch als präzisierender Bestandteil des Franchise-Vertrages definiert ist. Durch diese Eigenschaft wird einerseits die rechtliche Verbindlichkeit hergestellt und andererseits dem Franchise-Geber ermöglicht, konzeptionelle Änderungen einseitig und ohne formale Absprachen umzusetzen. Weitere Funktionen des Franchise-Handbuches stellen sich wie folgt dar:[48]

- Erhöhung der Glaubwürdigkeit bzw. Seriositätsbekundung als Zeichen für Professionalität und Erfolgswahrscheinlichkeit

- protokollierte Wissensübergabe an den Franchise-Nehmer und somit rechtliche Einhaltung einer Leistungsverpflichtung seitens des Franchise-Gebers

- Handlungsanleitung bzw. Nachschlagewerk für den Betrieb eines Franchise-Outlets

- Beweismittel bei Qualitätskontrollen und rechtlichen Auseinandersetzungen

- etc.

Die Inhalte des im Durschnitt etwa 150 Seiten umfassenden Handbuches beschreiben auszugsweise:[49]

- Systemspezifische Strategie und Philosophie

- Geschäftskonzept nebst Erfolgsfaktoren

---

[47] Vgl. Boehm, H. (2009), S. 4.

[48] Vgl. Boehm, H. (2009), S. 2-8; Martius, W. (2009), S. 1; Martius, W. (2010a), S. 122-167.

[49] Vgl. Pokrandt, A. (2008), S. 19; Syncon International (2002), S. 1-4.

- Umsetzungsvorgaben in Form von unverbindlichen Empfehlungen, Merkmals- und Verfahrensbeschreibungen sowie verbindlichen Richtlinien

- Rahmenbedingungen einer konfliktfreien und effizienten Kooperation

- Corporate Identity (CI) nebst Arbeitskleidung

- Vorgaben zum Product Placement und Category Management

- Trainingsverpflichtungen seitens des Franchise-Nehmers und seiner Mitarbeiter

- etc.

Das formale Konzept des Franchise-Handbuches sollte mit Hilfe lernpsychologischer Erfahrungen erstellt werden. Diese befürworten u. a. den Einsatz von *„Kurzübersichten, Grafiken, Tabellen, Checklisten, Bilder[n], Empfehlungssymbole[n], Farbe [und von] Randbemerkungen (...)"*[50]. Weiterhin empfiehlt sich eine Seitenaustauschbarkeit und die kontinuierliche Abbildung des Logos zur verbesserten Systemidentifikation[51]. Ein Musterverzeichnis des Franchise-Handbuches kann als **Anlage 2** im Anhang begutachtet werden, obgleich dieses Verzeichnis als Illustration ohne finalen, universellen und vollständigen Charakter anzusehen ist[52].

2.4.3 Systemmanagement

Die Franchise-Zentrale wird von dem Franchise-Geber betrieben und fungiert als Systemkopf, Profit-Center und als Support-Center. Die Zentrale teilt sich intern in den Bereich der traditionellen Systemzentrale (siehe Abschnitt 2.4.4) und in das Systemmanagement auf. Dieses widmet sich als Systemkopf der Systemführerschaft und übernimmt strategische Funktionen. Idealerweise vertraut das Management dabei auf flache, transparente und flexible Strukturen sowie auf die effiziente Nutzung externer Ressourcen und Experten.[53]

---

[50] Nebel, J. (2008a), S. 139.

[51] Vgl. Nebel, J. (2008a), S. 138.

[52] Vgl. Syncon International (2002), S. 4-8.

[53] Vgl. Martius, W. (2010a), S. 175.

2.4.3.1 Systemführerschaft und Kommunikationsmanagement

Die Systemführerschaft innerhalb eines Franchise-Systems impliziert sowohl die Führung der Franchise-Nehmer-Gemeinschaft als auch die finale Entscheidungsgewalt über jeglichen, systemrelevanten Sachverhalt. Beide Aufgaben bedürfen in der Praxis der Unterstützung anderer Aufgabenbereiche insbesondere durch Teilbereiche der Systemzentrale. Beispielsweise erfolgt die Führung des Systems mit Hilfe der indirekten Beeinflussung einzelner Systemmitglieder. Der indirekte Führungscharakter fußt auf der Tatsache, dass sich das Systemmanagement primär auf die Gestaltung der führungsrelevanten Rahmenbedingungen konzentriert. Ergo hat ein Entschluss, z. B. bezüglich der zukünftigen Gestaltung des Franchise-Nehmer-Managements (2.4.4.2), indirekten Einfluss auf die direkte Führung einzelner Franchise-Nehmer seitens ihrer Betreuer. Schafft es das Systemmanagement dabei auch noch, wichtige Informationen und Empfehlungen aus dem Praxisalltag der Franchise-Nehmer-Gemeinschaft (inklusive deren Mitarbeiter) und der Systembelegschaft in deren Entscheidungsfindung einfließen zu lassen, dann fördert dies ebenfalls eine erfolgreiche und zielorientierte Führung bzw. Steuerung des Franchise-Systems. Parallel realisiert eine solche Wertschätzung und Einbeziehung interner Erfahrungen auch eine Frühwarnsystematik bei aufkommenden Missständen und steigert nachhaltig das Engagement aller Systemmitglieder.[54]

Ein weiteres Beispiel der großen Einflussmöglichkeiten seitens des Systemmanagements betrifft auch den Umgang mit Kontrollen und Sanktionen. Es bedarf innerhalb eines Franchise-Systems der Ausformulierung expliziter Vorgaben, Toleranzen und Sanktionshandhabungen. Nur so kann gewährleistet werden, dass alle Systemmitglieder informiert sind und das Franchise-Nehmer-Management systemkonforme Konsequenzen bis hin zur Trennung aussprechen kann.[55]

Das Kommunikationsmanagement beschäftigt sich sachgetreu mit der Unternehmens-kommunikation (auch Corporate Communication genannt). Diese ist ein Bestandteil der Corporate Identity (Unternehmensidentität) und verfolgt u. a. die Absatzförderung, die strategische Steigerung des Bekanntheitsgrades, die positive Beeinflussung des Image-bildungsprozesses und die Informationsversorgung aller Stakeholder (Anspruchsträger).

---

[54] Vgl. Einbock, M. et al. (2000), S. 92; Martius, W. (2010a), S. 33 und 105 f.

[55] Vgl. Erdmann, G. (2012), S. 3-6; Martius, W. (2010a), S. 132-134.

Die externe Kommunikation befasst sich hauptsächlich mit Marketinginstrumenten und öffentlichkeitswirksamer Pressearbeit, wohingegen die interne Kommunikation den Informationsfluss zwischen den Systemmitgliedern widerspiegelt. Im Falle der Pressearbeit wird das Kommunizieren von Erfolgen mit Hilfe weicher Faktoren, wie der Franchise-Nehmer-Anzahl oder -Zufriedenheit, empfohlen, da die Veröffentlichung von unternehmenseigenen Gewinnzahlen die Franchise-Nehmer erfahrungsgemäß verärgern kann[56].[57]

Ein weiteres kommunikationsrelevantes Element ist das Verhalten der Systemmitglieder gegenüber den Kunden und weiteren Aussenstehenden. Um nun als Franchise-System Einfluss auf Aspekte wie Wortwahl, Syntax oder sprachbegleitende Gestik ausüben zukönnen, bedarf es einer professionellen Standardisierung der Kommunikation. Insbesondere die Schriftsprache des Franchise-Systems färbt auf die tatsächlich gesprochene Sprache nachhaltig ab. Die interne Kommunikation, z. B. in Form von Newslettern, Seminaren oder dem Intranet, transportiert nebst ihres Informationsgehaltes auch die Unternehmensphilosophie, sichert die Einhaltung von Systemstandards und vermittelt wichtiges Know-how.[58]

2.4.3.2 Marketing und Markenmanagement

Die Verantwortung über das Marketing als Teil der externen Unternehmenskommunikation wird innerhalb eines Franchise-Systems zwei Parteien zugeteilt. Die Marketing-verantwortlichen des Systemmanagements beschäftigen sich mehrheitlich mit der Gestaltung des Marktauftrittes, dem ganzheitlichen Marketingkonzept und der tatsächlichen Umsetzung überregionaler sowie nationaler Marketingkampagnen. Im Detail beinhaltet der Marktauftritt das Produkt-, Preis-, Standort-, Point of Sale- und das Personaldesign (bezieht sich größtenteils auf deren äußeres Erscheinungsbild). Das Marketingkonzept wird einerseits für eine lokale, regionale und eine nationale Reichweite ausgelegt und andererseits nach Image- und Aktionsmarketing unterschieden. Nach erfolgreicher Finalisierung des Konzeptes gilt es, den Franchise-Nehmern ein Marketinghandbuch separat oder als Bestandteil des Franchise-Handbuches auszuhändigen, Schulungen

---

[56] Vgl. Peckert, F. (2007a), S. 59.

[57] Vgl. Kreuzer, C. (2007), S. 224-226; Schwarz, S. (2011), S. 1.

[58] Vgl. Kieser, W. (2008), S. 113 f.; Kiewitt, A. (2007a), S. 127-129.

abzuhalten, eine stetige Marketingberatung anzubieten und die Internetauftritte der Franchise-Nehmer zu erstellen (als individuelle Subdomains des Systemauftrittes). Lokales Marketing wiederum ist im Verantwortungsbereich des Franchise-Nehmers einzuordnen, unter Zuhilfenahme der konzipierten Marketinginstrumente. Das Eröffnungsmarketing wird gesondert behandelt. In der Regel wird es von dem Systemmanagement gestaltet und durch das Franchise-Nehmer-Management vor Ort als Eröffnungsdienstleistung umgesetzt.[59]

Das Markenmanagement befasst sich mit dem Aufbau, der Etablierung und der kontinuierlichen Stärkung der systemexklusiven Marken. Als Marke wird das unvergleichbare Sinnbild eines Produktes oder einer Dienstleistung verstanden, welches von dem Konsumenten wahrgenommen wird und sich in seiner Psyche verfestigt. Dieser Markenprägungsprozess beim Konsumenten findet fortlaufend, unbewusst und unvermeidlich statt[60]. Für den Verbraucher übernimmt eine etablierte Marke eine Vertrauens-, Informations-, Orientierungs- und Demonstrationsfunktion. Das Vertrauen findet sich in der Reduzierung der Entscheidungskomplexität wieder, da die Marke vor allem die Verwendungssicherheit gewährleistet. Die Reduzierung von Informationskosten und die willkommene Orientierungshilfe stellen weitere Annehmlichkeiten einer bekannten Marke für den Verbraucher dar. Die Befriedigung produktunabhängiger Bedürfnisse (Demonstrationsfunktion) gewinnt in Zeiten sich ähnelnder Konsumobjekte zunehmend an Bedeutung. Für all diese Bedürfniserfüllungen ist der Kunde wiederum bereit, Preisprämien in Kauf zu nehmen. Faktoren die zu einer positiven Markenbesetzung führen sind u. a.:[61]

- Kreierung eines Markenmythos zur emotionalen Aufladung der Marke

- Streben nach zu erbringenden Leistungen oder Problemlösungen, die von den Kunden als sich des Merkens würdig erachtet werden

- Eintragung der Wort-Bild-Marken als Warenzeichen

- Aushändigung eines Corporate Identity-Handbuches zwecks Kommunikation und Kontrollierung markenrelevanter Standards

---

[59] Vgl. Peckert, F. (2007b), S. 76-78; Rogalsky, I. (2007), S. 200-202.

[60] Vgl. Ahlert, D. et al. (2004), S. 14.

[61] Vgl. Ahlert, D.; Ahlert, M. (2010), S. 365 f.; Martius, W. (2008), S. 1-6; Meffert, H. (2000), S. 312.

- Aufteilung der Verantwortlichkeiten, sodass der Franchise-Geber für die ganzheitliche Entwicklung und überregionale Förderung der Marke verantwortlich ist und der Franchise-Nehmer als Markenrepräsentant auf lokaler Ebene fungiert

2.4.3.3 Systementwicklung

Nach einer erfolgreich absolvierten Aufbauphase des Franchise-Systems widmet sich die Franchise-Zentrale gemeinsam mit seinen bereits gewonnenen Franchise-Nehmern um die stetige Weiterentwicklung des Systems. Ein solch stetiger Prozess findet parallel auf unterschiedlichen Ebenen statt. Diese befassen sich mit der Systemexpansion, dem Innovationsmanagement und der Internationalisierung des Systems. Die Systemexpansion kann über verschiedene Expansionsarten erfolgen. Anfangs konzentriert sich ein junges Franchise-System auf das System- und Franchise-Nehmer-Wachstum. Ziele sind hierbei, das System über neu akquirierte Franchise-Nehmer zu erweitern und gleichzeitig die Umsätze bestehender Franchise-Nehmer weiter zu entwickeln. Etablierte Systeme erweitern ihren Wachstumsfokus um die Filialisierung des Franchise-Nehmer-Netzwerkes. En detail sollen die Franchise-Nehmer ermutigt werden, mehrere Standorte zu eröffnen, um innerhalb des Systems mit Hilfe ihrer Belegschaft zu expandieren. [62]

Der zweite entscheidende Treiber der Systementwicklung ist das Innovationsmanagement. Die systematische Verbesserung des Leistungspaketes unter Einbeziehung des Endkundennutzens und ein zielorientiert praktiziertes Wissensmanagement gelten als besonders erfolgskritisch. Auf diese Weise können u. a. neue Produktmarktfelder bedient und Einsparpotenziale erschlossen werden. Unternehmensnetzwerke, wie sie Franchise-Systeme darstellen, profitieren beim Innovationsmanagement außerordentlich von ihren beiden Informationspolen, den Mitarbeitern der hierarchisch organisierten Franchise-Zentrale mit ihrem Fachwissen und den lokalen Unternehmern mit ihrem dezentral generierten Erfahrungsrepertoire. [63]

Als Schwerpunkte des Innovationsmanagements können die Optimierung des Kundenerlebnisses, ein strukturiert betriebenes Wissens- und Ideenmanagement sowie ein systematisches Forschen und Entwickeln deklariert werden. Es empfiehlt sich speziell, dass Know-how der Franchise-Nehmer-Gemeinschaft zur Kundenbefriedigung einzusetzen und

---

[62] Vgl. Dietzel, K. (2011), S. 1 f.; Peckert, F. (2007a), S. 58.

[63] Vgl. Ahlert, D. (2010), S. 247; Ommen, N. O. (2010), S. 178-195.

das Lieferantennetzwerk im Bereich des Wissens- und Ideentransfers zu integrieren. Darüber hinaus wird die Beibehaltung eines gewissen Pilotisierungsgrades innerhalb des Franchise-Systems angeraten (siehe Abschnitt 2.3.3), um beim Forschen und Entwickeln innovative Ideen in eigenen Outlets erproben und optimieren zu können.[64]

Fortgeschrittene Franchise-Systeme gelangen oftmals an einen Punkt, an dem die Systementwicklung auf dem nationalen Erfolg basierend auch über eine Internationalisierung erfolgen kann. Die meist gewählte Internationalisierungsform verkörpert das Master-Franchising. Bei dieser Form erwirbt ein Master-Franchise-Nehmer die Lizenz, in einem vertraglich vorgegebenen Land das Franchise-System zu verbreiten. Ihm obliegt es folglich, Franchise-Nehmer vor Ort zu rekrutieren, zu schulen und zu betreuen. Der Master-Franchise-Nehmer übernimmt somit im Zielland die Franchise-Geber-Rolle und agiert unter der Markenhülle des Lizenzgebers. Als konzeptionelle Vorteile stechen das lokale Know-how des Master-Franchise-Nehmers und sein eigener Ressourceneinsatz besonders hervor. Negativster Aspekt ist die Gefahr von jahrelangen Imageeinbußen im Zielland aufgrund des gescheiterten Lizenznehmers. Ferner finden in Europa das Area Development (Gebietsentwicklung), das Franchising in Eigenregie und das Eingehen eines Joint Ventures Verwendung.[65]

Das Area Development unterscheidet sich vom Master-Franchising dahingehend, dass die Franchise-Nehmer-Betreuung des Area Development Agent (Gebietsentwickler) auf Provisionsbasis vergütet wird und die Franchising-Gebühren direkt an den Franchise-Geber verrichtet werden. Darüber hinaus wird der Franchise-Vertrag zwischen dem Franchise-Nehmer im Ausland und dem Franchise-Geber im Ursprungsland direkt abgeschlossen ohne vertragliche Involvierung des Gebietsentwicklers. Ebensolche Vertragskonstellation birgt einen Vor- und Nachteil in sich, da sie einerseits einen Agentenaustausch ermöglicht, aber andererseits keinerlei gesellschaftsrechtliche Durchgriffe zulässt.[66]

Wer als Franchise-Geber im Zielland selbst aktiv werden möchte, wählt entweder die Internationalisierungsform des Franchisings in Eigenregie oder arrangiert sich mit einem Geschäftspartner vor Ort und gründet ein ausländisches Joint Venture. Beide Szenarien

---

[64] Vgl. Ahlert, M.; Duong Dinh, H.-V.; Gehrmann, K. (2010), S. 43; Martius, W. (2010a), S. 111 f.; WIFI Unternehmerservice (2010), S. 7 f.

[65] Vgl. Ahlert, D.; Wunderlich, M.; Ziegler, J. (2002), S. 2-14; UBS (2012), S. 1-4.

[66] Vgl. Holt, P. D.; Kremar, A.; Zwisler, C. E. (2008), S. 16-32; Schulz, A.; Wessels, A. M. (2008), S. 577.

erfordern die Aneignung von lokalen Marktkenntnissen und einen merklich erhöhten Personal- und Kapitaleinsatz. Aus der Pro-Sicht stehen vor allem der direkte Geschäftseinfluss und im Falle eines Joint Ventures die abgemilderte Investitionsleistung dank des Geschäftspartners im Vordergrund. Nachteilig sind die Zugeständnisse bei den Mitsprache- und Gewinnbeteiligungsrechten.[67]

2.4.3.4 Network-Governance-Kodex und Systemzertifizierung

Eine im Jahre 2008 von der Wirtschaftsprüfungsgesellschaft „PricewaterhouseCoopers" aus Frankfurt in Zusammenarbeit mit dem Institut „Internationales Centrum für Franchising und Cooperation (F&C)" aus Münster veröffentlichte Studie, offenbarte schlussfolgernd den Bedarf eines Kodexes im Bereich der Unternehmensnetzwerke. Diesen Bedarf als Anstoß nehmend, entstand zwei Jahre später der Network-Governance-Kodex (NGK) unter Einbeziehung des DFV, des Deutschen Genossenschafts- und Raiffeisenverbandes (DGRV) und des Zentralverbandes Gewerblicher Verbundgruppen (ZGV). Die verfolgten Ziele dieses Kodexes sind die Etablierung einer nachhaltigen Unternehmensleitung innerhalb der Kooperationsnetzwerke und die Förderung des wechselseitigen Vertrauens sowie pflichtbewussten Umgangs der Netzwerkpartner. Eine exzellente Führung und Organisation kooperativer Netzwerke erfordern spezielle Rahmenbedingungen und bedürfen somit einer gesonderten Handhabung. Daher definiert der NGK Richtlinien für ein faires Zusammenwirken aller Systemmitglieder, insbesondere für die selbständigen Kooperationsparteien.[68]

Die Leitlinien des NGKs beziehen sich auf eine zukunftsorientierte Führung, Netzwerkstruktur, Systemmanagement, Nachfolgeplanung, Kontrollinstanzen (inklusive eines Kontrollgremiums für die Geschäftsführung) sowie auf Risikomanagement und Informationstransparenz. Im Einzelnen sollen auszugsweise einige Vorgaben genauer dargestellt werden:[69]

- regelmäßige Zufriedenheitsanalysen und die stringente Qualitätssicherung bzw. Überprüfung der Netzwerkstandards

---

[67] Vgl. Hero, M. (2010), S. 551-599; Kiewitt, A. (2007b), S. 397-399.

[68] Vgl. Brodersen, T. L.; Korte, O.; Veltmann, L. (2010), S. 2; Olesch, G. (2010), S. 4 f.

[69] Vgl. Ahlert, D. et al. (2010), S. 11-16.

- Installierung einer Geschäftsordnung und eines Geschäftsverteilungsplanes zur expliziten Regelung der Aufgabenbereiche, Kompetenzen, Strukturen und Vertretungen

- Haftung der Geschäftsführungsmitglieder für Vorsatz und Fahrlässigkeit im Falle einer fehlerhaften Tätigkeitsausführung und Akzeptierung eines angemessenen Selbstbehaltes bei Abschluss einer Directors-and-Officers-Police (Managerhaftpflichtversicherung)

- frühzeitige Identifikation und Förderung möglicher Juniorchefs zwecks Nachfolgeplanung

- Dokumentation des Risikomanagementsystems,

- etc.

Der Bereich der Systemzertifizierung befasst sich mit franchise-relevanten Zertifizierungen externer Anbieter bzw. Institute. Die Motive einer angestrebten Zertifizierung können vielfältig sein. Einerseits darf sich ein Franchise-System zu Recht Hoffnungen auf ein wertvolles Feedback seitens einer neutralen Bewertungsinstanz machen und auf die Aufdeckung interner Optimierungspotenziale spekulieren. Andererseits fungieren absolvierte Rankings oder dokumentierte Gütesiegel als ideal kommunizierbare Qualitätsbekundungen, für den internen und externen Gebrauch.[70]

Ebenso vielfältig stellt sich das Zertifizierungsangebot dar. Die im Januar 2004 von DIN CERTCO (Zertifizierungsstelle des Deutschen Instituts für Normung) veröffentlichte Normung „PAS 1028" (Publicly Available Specification) definierte hierzulande erstmalig die erfolgskritischen Qualitätskriterien eines Franchise-Systems. Unterteilt in die Anforderungsbereiche Systemstrategie, Systemmanagement, Franchise-Nehmer-Management sowie Franchise-Vertrag und -Handbuch wurden jeweilig Muss- und Soll-Kriterien unterschieden. Die Erfüllung der Muss-Kriterien impliziert die Gewährleistung eines Mindeststandards innerhalb der Franchise-Branche, wohingegen die Soll-Kriterien die Wege für Qualitätsverbesserungen vorzeigen.[71]

---

[70] Vgl. Martius, W. (2010a), S. 62.

[71] Vgl. Ahlert, M.; Brodersen, T. L. (2010), S. 159-163; F&C (2012), S. 1.

Der im Jahre 2005 verabschiedete „DFV System-Check" des Deutschen Franchise-Verbandes ist ein Bewertungsverfahren für Franchise-Systeme. Im Drei-Jahres-Rhythmus kann ein bestehendes System das Gütesiegel „geprüftes Mitglied nach der Richtlinie DFV System-Check" tragen. Vorausgesetzt es wird zugleich ein DFV-Mitglied. Beruhend auf den Selbstauskünften des Franchise-Gebers, der juristischen Prüfung des Franchise-Vertrages und einer geringstenfalls stichprobenhaften Franchise-Nehmer-Zufriedenheitsanalyse (siehe Abschnitt 2.4.4.4) urteilt eine vom DFV akkreditierte Prüfungsinstanz über die Befriedigung vorab definierter Mindeststandards.[72]

Die qualifizierteste und nachhaltigste Systemzertifizierung vollzieht das „Zertifizierungsprogramm kooperative Unternehmensnetzwerke" von DIN CERTCO und F&C seit 2004. Der Erhalt dieses DIN CERTCO/ F&C-Zertifikates ist an strenge Kriterien gekoppelt. Basierend auf der PAS 1028 werden die Untersuchungsbereiche anhand von drei Dimensionen bewertet. Als erste Dimension fungiert die Ist-Situation nebst historischer Entwicklung. Die Planungssituation verkörpert die zweite Dimension und die Realisierung der Systemkontrolle sowie die Gewährleistung eines systemkonformen Verhaltens aller Systemmitglieder spiegelt die dritte Dimension wider. Nach abgeschlossener Bewertung seitens DIN CERTCO erhält das Franchise-System einen aufschlussreichen Bericht über analysierte Stärken und Schwächen. Im Falle einer erfolgreichen Erstzertifizierung ist nach 18 Monaten ein Überprüfungsaudit zu absolvieren, bevor nach insgesamt drei Jahren die Rezertifizierung notwendig ist. Dieses Zertifikat berechtigt ein Franchise-System zur Aussage „DIN geprüftes Unternehmensnetzwerk".[73]

2.4.3.5 Systemcontrolling

Das Systemcontrolling dient der Entwicklung und Optimierung der führungsspezifischen Koordinations-, Reaktions- und Einstellungsfähigkeit auf zwei Führungsebenen. Auf der outlet-bezogenen Führungsebene übernimmt das Systemcontrolling die Informationsversorgung der Franchise-Nehmer, damit diese ihrem eigenen Controlling nachkommen können. Um dies zu realisieren gilt es, den Franchise-Nehmern regelmäßig Perioden- und Betriebsvergleiche zukommen zu lassen. Dies kann auf Basis der von den

---

[72] Vgl. Ahlert, M.; Brodersen, T. L. (2010), S. 163-166.

[73] Vgl. Ahlert, M.; Brodersen, T. L. (2010), S. 169-173; DIN CERTCO (2011), S. 2-8.

Franchise-Nehmern übermittelten Geschäftsdatensätze und im Zusammenspiel mit dem System-Know-how eine Aufzeigung von Optimierungspotenzialen gewährleisten.[74]

Die zweite Führungsebene des Controllingfokusses ist die des Systemmanagements. Ausgehend von erfassten Geschäftszahlen, dokumentierten Soll-Ist-Vergleichen und recherchierten Marktforschungsdaten erfüllt das managementbezogene Systemcontrolling erfolgskritische Funktionen innerhalb des Systemmanagements. Die laufende Datenerhebung, -aufbereitung und -weiterleitung ist Inhalt der Informations- versorgungsfunktion. Prämissen- und Ergebniskontrollen sind die hauptsächlichen Gegenstände der Kontrollfunktion, während die zielorientierte Abstimmung der Führungsteilbereiche u. a. die Koordinationsfunktion umschreibt. Hinzu kommt der beratende und unterstützende Aufgabenbereich, der das Bewerten von Entscheidungs- alternativen impliziert. Die Erfassung und Bewertung von Kennzahlen erfordert im Vorlauf deren Merkmalisierung. Dies beinhaltet die genaue Definition von Optimal-, Minimal- und Maximalwerten für Kennzahlen der Kategorie Kundenzufriedenheit, Durchlaufzeit oder Reklamationshäufigkeit. Parallel sollten Indikatoren deklariert werden, die innerhalb eines Frühwarnsystems gefährliche Tendenzen rechtzeitig aufzeigen können.[75]

2.4.4 Systemzentrale

Die Systemzentrale ist Teil der Franchise-Zentrale und fungiert einerseits als Support- Center für die Franchise-Nehmer, indem sie diese maßgeblich in deren Geschäftsalltag entlastet. Nur so kann dem Grundgedanken der effizienten Arbeitsteilung Rechnung getragen werden und sich jeder auf seine Kernkompetenzen konzentrieren. Andererseits ist die Systemzentrale auch für das operative Geschäft des Franchise-Systems mitverantwortlich.

2.4.4.1 Systemorganisation

Als Support-Center für die Outlets und als operative Schnittstelle zum Systemmanagement obliegen der Systemzentrale viele Organisationsaufgaben. Diese bestehen vordergründig aus der Koordination des Lieferantennetzwerkes und aus der Organisation von Systemgremien. Bezugnehmend auf die Lieferantensteuerung favorisieren viele Systeme

---

[74] Vgl. Einbock, M. et al. (2000), S. 99; Friedl, B.; Schweitzer,M. (1992), S. 147.

[75] Vgl. Ahlert, M. (2010), S. 421-424; Martius, W. (2010a), S. 183-185; Wilhelm, E. (2002), S. 30.

die Bindung der Outlets an den eigenen Großhandel. Dadurch haben sowohl die Franchise-Nehmer als auch die Lieferanten einen einzigen Ansprechpartner in Form der Systemzentrale und letztere kann das aggregierte Abnahmevolumen zur Aushandlung besserer Zahlungs- und Lieferungsbedingungen nutzen. Alternativ könnte die Zentrale mit den Lieferanten lediglich Rahmenverträge aushandeln und die Warenabnahme fände individuell auf direkter Ebene zwischen den Produzenten und den Franchise-Nehmern statt. Erfahrungsgemäß ergeben sich hierbei aber nicht gleichwertige Konditionen, auch hinsichtlich möglicher Nebenvergütungen wie den Werbekostenzuschüssen oder Jahresprämien.[76]

Die Sitzungen der verschiedenen Systemgremien (Arbeitsgruppen, Ausschüsse, Beiräte oder Tagungen) werden zumeist in Kooperation mit der Franchise-Nehmer-Gemeinschaft organisiert. Diese Gremien verfolgen eine beratende Funktion im Entscheidungsprozess des Systemmanagements. Zeitgleich erfüllen diese Sprachrohre der Franchise-Nehmer auch, dass ihre Ideen und Wünsche erhört werden und sie sich erhört fühlen. Insbesondere die jährlichen ERFA-Tagungen (Treffen zum Erfahrungsaustausch) wirken sich positiv auf interne Kommunikation, Systemintegration und Systemkultur aus. Unter den Gesichtspunkten höchstmöglicher Effizienz und Synergieeffekte innerhalb der Systemzentrale wird die Entwicklung eines separaten Systemhandbuches angeregt. Dieses sollte Dokumentationsort aller Systemprozesse (z. B. Franchise-Nehmer-Management) und aller neutralen Prozesse der Systemzentrale (z. B. Budgetierung, Personalmanagement) werden[77].[78]

2.4.4.2 Franchise-Nehmer-Management

Das Franchise-Nehmer-Management erfolgt in der Regel durch zugewiesene Franchise-Berater vor Ort und die Ansprechpartner in der Systemzentrale. Besonders entscheidend für die professionelle, erfolgreiche und emotionale Betreuung der Franchise-Nehmer und deren Mitarbeiter sind die Berater. Sie bilden eine wichtige Schnittstelle für den Informationsaustausch, färben mit ihrem Handeln direkt auf die Franchise-Nehmer-Gemeinschaft ab und fördern durch ihr fach- und phasenspezifisches Know-how die

---

[76] Vgl. Peckert, F. (2007a), S. 28 f.

[77] Vgl. Nebel, J. (2008b), S. 10.

[78] Vgl. Gajewski, K.; Nebel, J. (2008), S. 375 f.; Kiewitt, A. (2007a), S. 130 f.

Etablierung der Outlets. Im Durchschnitt betreut ein Franchise-Berater 20-30 Outlets und leistet einen kritischen Beitrag zur Franchise-Nehmer-Zufriedenheit sowie zur konzeptgetreuen Umsetzung.[79]

Sobald ein Franchise-Nehmer für das System final gewonnen werden kann, beginnt die Betreuung seitens des Beraters. Vor allem während der Gründungsphase sind die Unterstützungsleistungen sehr umfangreich. Nach Abschluss der Standortanalyse und der Unterstützung bei der Businessplan-Erstellung, folgt die Finanzierungs- und Förderungsberatung sowie die systemgesteuerte Outlet-Einrichtung. Komplettiert wird die Beratungsphase der Gründung mit der Durchführung des Eröffnungsmarketings.[80]

Laut der Partner-Support-Chronik nach Martius beginnt etwa drei Monate nach der Eröffnung die Phase der laufenden Beratung[81]. Diese beinhaltet u. a. die gemeinsame Definition von Zielen, Abstimmung von Marketing- bzw. Vertriebsplänen, Hilfestellungen im Bereich des Outlet-Personals und in Bezug auf betriebswirtschaftliche Geschäftsabläufe sowie lokale Aktivitäten zur Unterstützung der Systembereiche Controlling, Marketing und Qualitätssicherung. Die Trennung von Franchise-Nehmern wird seitens des Franchise-Beraters auch beaufsichtigt, indem beispielsweise der Verkauf der Franchise begleitet wird oder Handbücher und Dokumente fristgerecht eingeholt werden.[82]

2.4.4.3 Qualitätssicherung und Trainingsprogramm

Die Qualitätssicherung innerhalb eines Franchise-Systems dient der regelmäßigen Kontrolle der Normeinhaltung, -zweckdienlichkeit und -gültigkeit. Die Basis der Kontrollen sind explizit definierte Qualitätsstandards, deren Nichteinhaltungen mit vertraglich fixierten Sanktionen zu ahnden sind. Mögliche Instrumente der Qualitäts-sicherung sind u. a. Routinebesuche des Franchise-Beraters, der Einsatz des Mystery-Shoppings und ein Mentoring-Programm. Das „heimliche Einkaufen" eines professionellen Testeinkäufers stellt im Franchising heutzutage ein probates Mittel zur objektiven Qualitätskontrolle dar. Ein Mentoring-Programm fungiert als internes Patenschaftsmodell, wo etablierte Franchise-Nehmer über einen gewissen Zeitraum in Addition zum Betreuer

---

[79] Vgl. Boehm, H. (2011), S. 2; Martius, W. (2010b), S. 347.

[80] Vgl. Einbock, M. et al. (2000), S. 110 f.; Martius, W. (2010a), S. 177.

[81] Vgl. Syncon International (2003), S. 5.

[82] Vgl. Martius, W. (2010a), S. 177 f.

des Franchise-Nehmer-Managements einen Systemeinsteiger persönlich beraten. Zudem ist es empfehlenswert, die Kontrollen mit Fachberatungen zu verbinden und vom Charakter einer Filialrevision abzukommen.[83]

Ein weiterer, elementarer Systembestandteil ist das fundierte Schulen der Franchise-Nehmer inklusive deren Belegschaft und der Mitarbeiter der Franchise-Zentrale. Anfangs werden Basistrainingsinhalte wie Geschäftskonzept, Systemphilosophie oder Qualitäts-standards mittels mehrtägiger Seminare vermittelt. Die praktische Phase des Trainingsprogrammes schließt an diesen Trainingsblock an und ermöglicht es, das erarbeitete Wissen in der Praxis anzuwenden und zu vertiefen. Ort des Geschehens ist zumeist ein Pilotbetrieb oder ein Franchise-Outlet.[84]

Die Trainingsinhalte befassen sich in der Regel mit der Warenkunde, Geschäftsordnung, Betriebswirtschaft, Warenwirtschaft, Finanzwesen und mit dem erfolgskritischen Bereich der Personalsuche, -auswahl und –führung. Dokumentiert werden die absolvierten Trainingsebenen mit Hilfe eines Trainingspasses, Urkunden oder mittels Zeugnissen.[85]

2.4.4.4 Partnerschaftsbilanz

Die Partnerschaftsbilanz erforscht den Zufriedenheitsgrad zwischen der Franchise-Nehmer-Gemeinschaft und der Franchise-Zentrale. Im Ergebnis liefert eine solche Partnerschaftsbilanz wichtige Erkenntnisse über den organisationalen Status quo des Systems. Analytisch betrachtet fußt die Bilanz auf zwei Zufriedenheitsdimensionen. Einerseits spiegelt die Franchise-Nehmer-Zufriedenheit das Image und das Ansehen der Franchise-Zentrale wider, während die Systemzufriedenheit andererseits die Befriedigung der Anforderungen an die Franchise-Nehmer-Gemeinschaft beziffert. Instrumentale Bestandteile der Partnerschaftsbilanz sind die Franchise-Nehmer-Befragung und die Franchise-Nehmer-Bewertung. Zwecks Gewährleistung der konzeptionellen Aussagekraft, muss der Franchise-Geber für die erforderliche Anonymität während des gesamten Prozesses sorgen und dazu externe Dienstleister in die Erstellung mit einbeziehen.[86]

---

[83] Vgl. Einbock, M. et al. (2000), S. 72 f.; Martius, W. (2010a), S. 127-129.

[84] Vgl. Martius, W. (2010a), S. 186-188.

[85] Vgl. DFV (1999), S. 20 f.

[86] Vgl. Martius, W. (2010a), S. 192-196.

3. Überblick über franchise-spezifische Chancen und Risiken mit Praxisbezug

3.1 Allgemeine Chancen und Risiken des Franchisings

Wenn ein Unternehmen nach einem neuen Vertriebsweg sucht oder eine Gründerin bzw. ein Gründer nach einem erfolgsversprechenden Geschäftskonzept Ausschau hält, dann stellt in beiden Fällen das vertikal-kooperativ organisierte Franchising eine Option von mehreren dar. Erfahrungsgemäß repräsentiert die Filialisierung eine wesentliche Alternative im Rahmen einer Vertriebsdiversifizierung oder -expansion. Im Falle der Unternehmensgründung fungiert das individuell konzipierte und realisierte Vorhaben als Gegenmodell. Werden diese Wahlmöglichkeiten aus jeweiliger Sicht miteinander verglichen, ergeben sich grundsätzliche Chancen und Risiken des Franchisings.

3.1.1 Darstellung aus Franchise-Geber-Perspektive

Die Realisierung eines Franchise-Systems impliziert für den zukünftigen Franchise-Geber gewisse positive und negative Eventualitäten. Vor allem in Relation zu anderen Vertriebs- und Expansionsmöglichkeiten bietet das Franchising signifikante Vorteile. Wohingegen sich der kurzfristige Kapitalaufwand der Alternativen stark ähnelt, ergibt sich im Falle des Franchisings mittel- bis langfristig ein schonenderer Umgang mit der Eigenkapitalbasis. Dies liegt darin begründet, dass der Großteil der erforderlichen Sachinvestitionen für eine Outlet-Eröffnung vom Franchise-Nehmer getragen wird. Weiterhin reduziert sich das Investitionsrisiko nochmals spürbar, sobald der Franchise-Geber mit Beginn der Systemexpansion die einmaligen Eintrittsgebühren zur Rekapitalisierung nutzen kann. Zu diesem Zweck besteht auch die Möglichkeit, dass regionale und nationale Marketing durch eine vertraglich geregelte Pool-Finanzierung (anteilig aus Franchise-Nehmer-Gemeinschaft und Franchise-Zentrale) ressourcenfreundlicher zu gestalten. Der zweite, entscheidende Vorteil ergibt sich aus der Selbständigkeit der Franchise-Nehmer bzw. der Outlet-Verantwortlichen. Denn diese tragen letztlich die unternehmerische Verantwortung für ihren Geschäftserfolg und binden nach anfänglicher Intensivbetreuung weniger Personalressourcen als ein Filialbetrieb. Somit kann das Expansionsrisiko für den Franchise-Geber reduziert werden und gleichzeitig die Expansionsgeschwindigkeit des Systems erhöht werden, um schnellstmöglich den Markt abzudecken und als System den operativen Break-Even-Point zu erreichen. Des Weiteren bringt die Eigenverantwortlichkeit der Franchise-Nehmer in der Regel noch eine besonders hohe Motivation und Eifer mit sich, was bereits nach kürzester Zeit in Form von wertvollem, lokalem Know-how ersichtlich wird und von qualitativ geprägtem Feedback flankiert wird. Diese Markt- und Kundennähe, die einheitliche und überregionale Präsenz sowie die weitgehend gleichgelagerten Interessen der Kooperationspartner ergänzen die systemspezifischen Chancen für den Franchise-Geber.[87]

Die Risiken für die Franchise-Geber (gilt auch für die Franchise-Nehmer im nachfolgenden Abschnitt) können in konzeptionelle Nachteile und in praxisbezogene Risiken unterteilt werden. Die seitens der Franchise-Konzeption verursachten Nachteile sind u. a. die kosten- und zeitintensivere Konzeptionsphase, die eingeschränkten Durchgriffsrechte auf die selbständigen Franchise-Nehmer bzw. deren Belegschaft, die fehlende Möglichkeit einer Versetzung oder Entmachtung der legitimierten Lizenznehmer im Falle von Performance-Defiziten und die schwerer umsetzbare Realisierung von kostenintensiven Konzeptänderungen. Die praxisbezogenen Risiken lassen sich dadurch charakterisieren, dass sie per se vermeidbar sind und zumeist die Folgen fehlerhafter oder nicht erfolgter Leistungen des Franchise-Gebers sind.[88]

Beispielsweise birgt eine falsche Franchise-Nehmer-Selektion die Gefahr eines späteren Mangels an Qualifikation, Kompetenz, Engagement oder an erforderlichen Ressourcen innerhalb der Franchise-Nehmer-Gemeinschaft. In einem worst case-Szenario könnten sogar einige Franchise-Nehmer versuchen, den Franchise-Geber vorsätzlich zu betrügen und dadurch dem System erheblich schaden. Eine unzureichende, interne Kommunikation oder Leistungserbringung auf Geberseite kann dazu führen, dass insbesondere erfolgreiche Franchise-Nehmer das Verhältnis zwischen Franchise-Gebühren und den Systemleistungen als ungerechtfertigt deklarieren. Die möglichen Folgen reichen von rufschädigender Kommunikation bis hin zu deren Ausstieg. Selbst der angestrebte Erfolgsfall kann Risiken mit sich bringen, wenn die Systemexpansion nicht nachhaltig und professionell genug vollzogen wird. Folglich können im fortgeschrittenen Systemalter die Bürokratiekosten der Franchise-Zentrale auf das Niveau eines konzerneigenen Filialsystems steigen und im Zusammenspiel mit den netzwerktypischen Kooperationskosten die Rentabilität des Franchise-Systems gefährden[89].[90]

---

[87] Vgl. DFV (1999), S. 4; Einbock, M. et al. (2000), S. 24 u. 45; Martius, W. (2010a), S. 150-152; Peckert, F. (2007a), S. 31 f.

[88] Vgl. Hempelmann, B. (2000), S. 4 f.

[89] Vgl. Ahlert, D. (2010), S. 255-257.

[90] Vgl. Einbock, M. et al. (2000), S. 45; Martius, W. (2010a), S. 98-104; Peckert, F. (2007a), S. 36 f.

3.1.2 Darstellung aus Franchise-Nehmer-Perspektive

Auf der Franchise-Nehmer-Seite ergibt sich ebenso ein differenziertes Bild hinsichtlich der Chancen und Risiken einer Unternehmensgründung via Franchising. Im Vergleich zum unternehmerischen Alleingang bietet der Eintritt in ein erfolgreiches oder -versprechendes Franchise-System handfeste Vorteile. Im Detail umschließen diese u. a. das erprobte Geschäftskonzept nebst hohem Professionalisierungsgrad der Franchise-Zentrale, die praktizierte Arbeitsteilung und Kompetenzfokussierung innerhalb des Systems sowie das wettbewerbsfähigere Markenbild, Bekanntheitsgrad und Leistungsportfolio. Letzteres wird durch die mittels Zentraleinkauf verbesserte Verhandlungsposition gegenüber potenziellen Lieferanten und durch die Expertise der Franchise-Zentrale positiv beeinflusst. Diese direkt wahrnehmbaren Vorteile wirken sich auch indirekt auf weitere Erfolgsparameter aus. Vorwiegend gelingen innerhalb eines Franchise-Systems ein schnellerer Markteinstieg, eine effizientere Marktbearbeitung, eine leichtere Gründungsfinanzierung, eine wahrscheinlichere Investitionsamortisation, ein höheres Umsatzvolumen und ein vom Endverbraucher hochwertiger wahrgenommenes Qualitätsniveau. Speziell der schnellere Markteintritt stabilisiert laut empirischen Befunden die langfristige Existenzfähigkeit nachhaltig.[91]

Laut dem F&C (Internationales Centrum für Franchising und Cooperation) müssen Franchise-Gründungen in Relation zum Durchschnitt aller Unternehmensgründungen seltener Insolvenz anmelden. Ähnliches kann die KfW-Mittelstandsbank beziffern, indem laut einer von ihr veröffentlichten Studie Franchise-Gründungen nach fünf Jahren noch zu 90 Prozent am Markt aktiv sind, wohingegen es im Durchschnitt aller Unternehmensgründungen nach selbigem Zeitraum lediglich etwa 50 Prozent sind. Nicht minder erfolgskritisch können weitere Chancen sein, die sich erst unter einer langfristigen Perspektive ergeben. Beispielsweise kommt ein Franchise-Nehmer als Systemmitglied oftmals in den Genuss einer besseren Reputation, sowohl als potenzieller Arbeitgeber als auch im Rahmen seines sozialen Netzwerkes. Ein häufig unterschätztes Chancenpotenzial bietet auch das Networking innerhalb der Franchise-Nehmer-Gemeinschaft, denn aufgrund des fehlenden, internen Konkurrenzdenkens können alle Mitglieder von einem intensiven Informationsaustausch profitieren.[92]

---

[91] Vgl. Brüderl, J.; Preisendörfer, P.; Ziegler, R. (2009), S. 361-363; Franchise Direkt (2012), S. 7; Peckert, F. (2007a), S. 34-36.

[92] Vgl. startothek (2012), S. 2-4.

In Bezug auf die konzeptionellen Risiken zeichnen sich für einen Franchise-Nehmer auch stichhaltige Nachteile ab. Elementar ist hierbei die Erweiterung des Risikoumfangs um eine dritte Dimension. Denn die Risiken eines fehlerhaften Geschäftskonzeptes oder einer fehlverhaltenen Gründungsperson werden beim Franchising um das Risikopotenzial eines eventuellen Fehlverhaltens des Franchise-Gebers respektive der Franchise-Zentrale ergänzt. Zudem muss der Franchise-Nehmer unternehmerische Einschränkungen tolerieren, Vorgaben durch den Franchise-Geber größtenteils akzeptieren und einen möglichen Abnahmezwang vorab einkalkulieren. Weiterhin kann die Anfangsinvestition höher ausfallen als bei einer individuellen Unternehmensgründung (bezieht sich insbesondere auf sehr erfolgreiche Anbieter wie McDonald`s) und die mit der Systemzugehörigkeit verbundene Imageabhängigkeit kann sich im Nachhinein als nicht lohnend erweisen. Parallel sollte der Franchise-Nehmer auch praxisbezogene Risiken berücksichtigen, die entweder auf einem Fehlverhalten des Franchise-Systems beruhen können oder auf seinem eigenen. Der Franchise-Geber könnte z. B. in Liquiditätsprobleme geraten, das Geschäftskonzept erfolglos weiterentwickeln oder auf Kosten kurzfristiger Expansionserfolge langfristigen Schaden in Kauf nehmen. Häufig werden die personellen Ressourcen der Franchise-Zentrale nicht expansionsdeckend erhöht und Leistungsvorgaben zeitweise nicht mehr eingehalten[93]. Es kann aber auch passieren, dass die Gründungsperson für sich ein non-konformes Franchise-System ausgesucht hat. Ergo kommt es in solch einem Fall zu einer vorzeitigen Kündigung und zu erheblichen Trennungskosten für beide Kooperationspartner.[94]

3.1.3 Einfluss des Finanzierungsprozesses

Der Finanzierungsprozess ist sowohl aus der Perspektive des Franchise-Gebers, als auch aus Sicht des potenziellen Franchise-Nehmers von höchst erfolgskritischer Bedeutung. Statistisch betrachtet haben 40,7 Prozent der allgemeinen Existenzgründer einen anfänglichen Mittelbedarf von über 10.000 Euro (bei Franchise-Nehmern durchschnittlich über 80.000 Euro) und benötigen zwecks deren Aufbringung zu 45,3 Prozent externes Fremdkapital. Scheitert die Fremdfinanzierung für einen Franchise-Nehmer bleibt auch auf Seiten des Franchise-Gebers die Systemexpansion aus.[95]

---

[93] Vgl. Martius, W. (2010a), S. 92 f.

[94] Vgl. Einbock, M. et al. (2000), S. 45; Peckert, F. (2007a), S. 39; startothek (2012), S. 3.

[95] Vgl. Hagen, T.; Kohn, K.; Ullrich, K. (2011), S. 45-48.

Im Hinblick auf eine Beeinflussung des Chancen und Risiken-Verhältnisses im Rahmen des Franchisings können für den Finanzierungsprozess zwecks Verdeutlichung zwei konträre Szenarien skizziert werden, unter Einbezug des als **Anlage 3** im Anhang aufgeführten Experteninterviews mit Stephan Neuschulten. Dieser ist u. a. Geschäftsführer und Gesellschafter der Neuschulten Unternehmensberatung GmbH aus Wuppertal und weist mit seinem Beratungsteam bereits über 1200 erfolgreich betreute Franchise-Gründungen nebst Gründungsfinanzierung auf. Seine Expertise wird durch die Listung als assoziierter Experte beim DFV bestätigt. Die Schwierigkeit einer Finanzierungsrealisierung ist in Deutschland für Gründungswillige hinlänglich bekannt. Somit steht die Kreditzusage während einer Gründungsfinanzierung primär im Fokus und minder die Zinsverhandlungen, erst recht wenn sich die Zinsspanne bei Inanspruchnahme von Zuschüssen durch Vorgaben der bundesländlichen Förderbanken und örtlichen Arbeitsagenturen zwischen vier und sieben Prozent per anno etabliert hat. Die Abschlussquote einer Gründungsfinanzierung darf laut Neuschulten im Allgemeinen mit etwa 20-30 Prozent beziffert werden. Diese Quote verbessert sich durchschnittlich auf circa 50 Prozent, wenn eine Gründung via Franchising anvisiert ist und kann unter Einbeziehung einer renommierten Gründungsberatung nochmals verbessert werden. Letztlich entscheidet aber die Bewertung des Franchise-Systems und des potenziellen Franchise-Nehmers seitens des Fremdfinanzierers über die angestrebte Kreditzusage.[96]

Das erste Szenario stellt das Zusammenspiel eines als ideal befundenen Franchise-Systems sowie des ebenbürtigen Franchise-Nehmers dar und impliziert im Folgenden die Prämisse einer erfolgreichen Kreditzusage. Das zweite Szenario charakterisiert den Gegenpol und hat eine Kreditabsage zur Folge. Laut Neuschulten verkörpert ein Franchise-System, welches u. a. im DFV Mitglied ist (inklusive absolviertem DFV System-Check), ein tragfähiges Leistungsportfolio aufweist, Franchise-Nehmer sachkundig betreut und Erfolgszahlen vergleichbarer Outlets aufweisen kann, einen optimal aufgestellten Franchise-Geber. Damit ein potenzieller Franchise-Nehmer vollends überzeugen kann, müssen mehrere Aspekte positiv zu bewerten sein. Analysiert werden beispielsweise das persönliche Auftreten, die fachliche und kaufmännische Qualifikation, soziale Kompetenz, Alterskonformität der Berufslaufbahn (hinsichtlich der Anzahl von Arbeitgebern), Höhe und Herkunft des Eigenkapitals sowie die traditionelle Bonität.[97]

---

[96] Vgl. Iliasa, A. (2012), Experteninterview; Neubauer, M. (2011), S. 20 f.

[97] Vgl. Iliasa, A. (2012), Experteninterview.

Die vorherigen zwei Abschnitte 3.1.1 und 3.1.2 gaben bereits Auskunft über allgemeine Chancen und Risiken des Franchisings. An dieser Stelle sollen die zwei besagten Szenarien innerhalb des Finanzierungsprozesses einen Einblick darüber verschaffen, inwiefern sie diese Chancen und Risiken beeinflussen können.

Das positiv behaftete Szenario 1 bringt beispielsweise folgende Aspekte mit sich:

- Ermöglichung der Systemexpansion

- Verbesserung der Systemreputation, der Abschlussquote von Fremdfinanzierungen und der Systemattraktivität für Franchise-Nehmer-Kandidaten

- Steigerung der Empfehlungsraten seitens der Gründungs-, Finanzierungs- und Bankberater

- Verringerung der Akquisitionskosten pro Outlet-Eröffnung

- im Ergebnis eine positive Beeinflussung der vorzeigbaren Referenzzahlen

Das konträre Szenario 2 affektiert die unter Szenario 1 erläuterten Auswirkungsbereiche negativ bis katastrophal. Denn eine selten realisierte Finanzierung führt explizit zu einer suboptimalen Systemexpansion und die Folgen können bis zu einer Systeminsolvenz reichen. Weiterhin wirkt sich eine Kreditabsage auch negativ auf den potenziellen Franchise-Nehmer aus, da er den Verlust von investierter Zeit, Energie und Kosten zu tragen hat.

3.2   Vorstellung des Franchise-Systems „global office"

Die global office GmbH aus Montabaur ist seit Ende 2008 als Outsourcing-Spezialist für Bürodienstleistungen erfolgreich am Markt aktiv und zählt mittlerweile über 600 Unternehmen und öffentliche Verwaltungen zu seinen Kunden. Als Antwort auf die positive Marktresonanz entschied sich global office im Jahre 2010 via Franchising national und international zu expandieren.

3.2.1 Facts & Figures

Der nationale Franchise-Ableger ist die im Jahre 2010 gegründete global office Franchise Dt. GmbH aus Kaltenkirchen, welche bereits über 25 Franchise-Nehmer aus Deutschland gewinnen konnte. Gründer, Hauptgesellschafter und Geschäftsführer von global office Franchise sind der Outsourcing-Spezialist Erik Krömer und der ehemalige Produkt- und

Marketingmanager André Maschmann. Weitere Gesellschafter sind Sören Dannenberg (auch operativer Geschäftsleiter der Region Deutschland Ost) und der ausgewiesene Franchise-Experte Reinhard Wingral (strategisch verantwortlich für die Systementwicklung). In Ergänzung zur nationalen Expansionsstrategie wurde die global office international GmbH gegründet und Ende 2011 die Expansion nach Österreich gestartet.[98]

Die Schweiz kam im März 2012 hinzu und weitere europäische Länder sollen in den kommenden Jahren noch folgen. All diese Maßnahmen fruchteten im Jahre 2011 in einem Systemumsatz von über 1,5 Millionen Euro per anno. Die Markt- und Wettbewerbssituation darf als durchaus erfolgsversprechend eingestuft werden, da es national keine direkten Konkurrenten mit vergleichbarem Outsourcing-Umfang an Bürodienstleistungen gibt. Vereinzelte Dienstleistungen werden allerdings von Anbietern wie Telias, Ebüro, Regus oder Büroservice24 ebenfalls erbracht. Die potenziellen Kunden stellen jegliche Kleinunternehmer, Mittelständler oder Konzerne dar sowie öffentliche Gemeinde- und Kreisverwaltungen. De facto umschließt der Interessentenkreis in Deutschland über 3,5 Millionen Unternehmen respektive Einzelunternehmer und mehr als 11.000 Verwaltungen.[99]

Der Systemeinstieg als Franchise-Nehmer nebst Standortlizenz erfordert die Zahlung einer einmaligen Eintrittsgebühr in Höhe von 50.000 Euro zuzüglich der Umsatzsteuer. Andererseits ist die Einrichtung und Betreibung eines Outlets nicht zwingend erforderlich und ein Geschäftsaufbau per Home Office (Heimarbeitsplatz) möglich. Eine traditionelle Franchise-Gebühr wird auch nicht monatlich fällig, da der Franchise-Nehmer die Kundenumsätze nicht direkt abrechnet. Stattdessen erfolgt die Leistungsvergütung auf Basis einer Provisionsregelung mit dem Franchise-Geber. Allerdings besteht die Verpflichtung der Zahlung eines pauschalen Werbekostenzuschusses von 500 Euro monatlich (zzgl. Umsatzsteuer). Die Erstlaufzeit eines mit global office abgeschlossenen Franchise-Vertrages beläuft sich auf fünf Jahre. Der Lizenzerwerb berechtigt aber, anschließend von einer einseitigen Vertragsoption Gebrauch zu machen und den Vertrag um weitere drei Jahre ohne Investitionsaufwand zu verlängern.[100]

---

[98] Vgl. global office (2012b), S. 3-8.

[99] Vgl. global office (2012e), S. 25-31 und 35-42.

[100] Vgl. Franchise Business Club (2011), S. 1; global office (2012e), S. 18 und 35.

3.2.2 Leistungsportfolio als Dienstleister

Das Produkt- und Dienstleistungssortiment des webgestützten Outsourcing-Spezialisten global office besteht aktuell aus acht Kerndienstleistungen die mittels des global office-Portals und der telefonischen Kundenbetreuung angeboten werden. Die laut Kunden-zufriedenheitsanalyse (siehe Abschnitt 3.2.4) bekannteste und beliebteste Dienstleistung stellt der Erreichbarkeitsservice dar. Dieser ermöglicht es Kunden tagsüber stets telefonisch erreichbar zu sein, optional sogar für sieben Tage die Woche à 24 Stunden. Kommt es zu einer Weiterleitung eines Anrufes zu global office, so werden Anrufer im Namen des Kunden begrüßt, Anliegen und Anruferdaten elektronisch erfasst sowie an den Kunden weiter-geleitet. Darüber hinaus können die Anrufer nach vorher abgestimmten Mustern auf be-stimmte Rufnummern umgeleitet werden, mit Dokumenten versorgt werden (z. B. elektro-nische Versendung der Preisliste) oder direkt Termine mit dem gewünschten Ansprechpart-ner vereinbaren lassen. Summa summarum kann der Erreichbarkeitsservice als effektive Alternative zum Anrufbeantworter bzw. zur Telefonwarteschleife fungieren oder als tempo-räre Ergänzung zum Innendienst dienen. In gewissen Konstellationen kann für Freiberufler oder Verwaltungsapparate auch ein komplettes Outsourcing des „Vorzimmers" ratsam und langfristig lohnend sein.[101]

Der in der Kundengunst zweitbeliebteste Büromaterialservice erfolgt in Zusammenarbeit mit dem Businesspartner „OTTO Office". Demnach können global office-Kunden über den personalisierten Portalzugang (Web-Interface) oder über die kundenexklusive Rufnummer Büromaterial verschiedenster Couleur zu Konzernkonditionen bestellen. Es folgen die wei-teren Kerndienstleistungen zu vergleichbar vorteilhaften Konditionen:[102]

- Buchhaltungsservice in Zusammenarbeit mit „lohndirekt" – Lohn- und Finanzbuch-haltung

- Travelmanagement in Zusammenarbeit mit „Lufthansa City Center" – Übernahme der Reisebuchung und Reisekostenabrechnung

- Übersetzungsservice in Zusammenarbeit mit „tolingo translations" – professionelle Übersetzungen und Dolmetschen

---

[101] Vgl. global office (2012a), S. 1-5.

[102] Vgl. Christ, J. (2011), S. 16; global office (2012a), S. 1-5.

- Bonitäts- und Inkassomanagement in Zusammenarbeit mit „Bürgel Wirtschaftsinformationen", „Bürgel Inkasso" und „creditsafe" – Bonitätsprüfungen und Inkassodienstleistungen

- Fuhrparkmanagement in Zusammenarbeit mit „fmc fleet management" – Fuhrparkberatung und -verwaltung

- Coachingberatung – global office vermittelt individuelle Trainingsmaßnahmen, Coaches oder Berater

Die Preise für die angebotenen Leistungen variieren je nach Nutzungsprofil. Anfangs muss ein Kunde eine einmalige Lizenzgebühr zwischen 169 und 269 Euro (zzgl. USt.) bezahlen. Die telefonische Erreichbarkeit wird mittels verwendeter Telefonie-Service-Zeit sekundengenau abgerechnet und kostet je nach gewähltem Tarif zwischen 0,81 und 1,64 Euro pro Minute (zzgl. USt.). Die üblichen Bereitschaftszeiten garantieren eine wöchentliche Erreichbarkeit von circa 57,7 Prozent. Die hundertprozentige Bereitschaft (24/7) kostet zusätzliche 9,90 Euro pro Monat (zzgl. USt.). Alle weiteren Dienstleistungen werden je nach individuellem Aufwand mit separaten Kostenvoranschlägen verrechnet.[103]

Mögliche Vorteile einer Nutzung des Leistungsportfolios von global office sind u. a.:[104]

- Minimales Vertragsrisiko dank Testmöglichkeit und fehlender Mindestvertragslaufzeit

- Reduzierung des personellen Ressourcenbedarfs für kompetenzferne Aktivitäten

- Erhöhung der personellen Ressourcenkapazität für kompetenznahe Aktivitäten

- Verbesserung der Kundenzufriedenheit durch die Steigerung der telefonischen Erreichbarkeit und durch effizientere Arbeitsprozesse

- keine Orts- oder Arbeitsplatzbindung wegen webgestütztem Zugriff

- keine Gerätebindung wegen browserbasiertem Zugriff

- höhere Systemstabilität wegen cloudbasierter IT-Struktur

---

[103] Vgl. global office (2012a), S. 6; global office (2012e), S. 31 f.

[104] Vgl. global office (2012e), S. 31.

- erhöhte Transparenz dank Einzelleistungsnachweis

- etc.

Die Erfahrungen des Autohauses Rossel aus Wiesbaden spiegeln die Erfolgspotenziale einer Zusammenarbeit mit global office beispielhaft wider. Diesem war es innerhalb eines halben Jahres gelungen, die telefonische Erreichbarkeit während der Öffnungszeiten von 50 auf 80 Prozent zu erhöhen und die Kundenzufriedenheit nachhaltig zu verbessern.[105]

3.2.3 Leistungsportfolio als Franchise-Geber

Global office ist in erster Instanz der Anbieter eines webgestützten Produkt- und Dienstleistungssortimentes. Mit dem langfristigen Ziel an erfolgskritischen Standorten durch persönliche Ansprechpartner vertreten zu sein, die mit der Motivation eines Unternehmers und dem gewünschten Lokalkolorit vor Ort agieren, wählte global office die Marktbearbeitung via Franchising. Der Fokus des Franchise-Systems liegt darin, optimale Rahmenbedingungen für die Akquirierung, Beratung und Betreuung der Kunden zu gewährleisten.

3.2.3.1 Vertragliche Besonderheiten

Ein elementarer Bestandteil eines Franchise-Systems ist das Vertragswerk. Auch die Ausgestaltung des diesbezüglichen Franchise-Vertrages regelt wichtige Aspekte der angestrebten Kooperation zwischen Franchise-Geber und -Nehmer. Beispielsweise wird Auskunft darüber gegeben, wie sich der Umgang mit einem Gebietsschutz gestaltet. Hierbei vergibt global office ein Vertragsgebiet nach einem speziellen Verfahren. Anfangs gestaltet sich der Gebietsumfang besonders generös und wird mit zwei Umsatzvorgaben verbunden. Erfüllt der Franchise-Nehmer diese, bleibt ihm der Gebietsumfang erhalten. Werden die Vorgaben unterboten muss er geografische Standorteinbußen akzeptieren. Eine passive Marktbearbeitung außerhalb des jeweiligen Vertragsgebietes, z. B. über Empfehlungen, ist seitens des Franchise-Gebers gestattet.[106]

Eine ebenso wichtige Vertragsregelung ist die der Franchise-Nehmer-Vergütung. Diese besteht im Detail aus einer prozentualen Beteiligung an dem generierten und initiierten Umsatz. Dieser Umsatzbetrag beinhaltet die von den Kunden zu begleichende Lizenzge-

---

[105] Vgl. Ordyniec, K. (2011), S. 62 f.

[106] Vgl. global office (2012b), S. 13; global office (2012e), S. 36.

bühr und die monatlich abgerechneten Tarifpakete und Zusatzleistungen. Zudem beinhaltet der Franchise-Vertrag von global office in Ergänzung zu den branchenüblichen Vertragselementen zwei eher unkonventionelle Rechte des Franchise-Nehmers. Einerseits ist es ihm möglich, innerhalb der ersten zwölf Monate von einem Sonderkündigungsrecht Gebrauch zu machen. Dieses besagt im Kündigungsfall, dass der Franchise-Geber dazu verpflichtet ist, dem scheidenden Franchise-Nehmer die Eintrittsgebühr anteilig zurückzuerstatten. Die anteilige Verrechnung impliziert die Kosten für erhaltene Leistungen und Sachwerte, beispielsweise die Startschulung oder Verkaufsmaterialien. Andererseits greift nach Ablauf der Zwölfmonatsfrist eine vertraglich fixierte Nachfolgeregelung. Eine solch explizite Ausgestaltung ist innerhalb der Franchise-Branche nicht selbstverständlich. Basis dieser Regelung ist ein Bewertungsmodell des Lizenzstandortes, welches sich auf zurückliegende Geschäftszahlen bezieht. Das Ergebnis dieser Bewertung bildet den Rückkaufswert ab, den der Franchise-Geber nach Ablauf der Vertragslaufzeit als Alternative zur externen Lizenzveräußerung anbieten muss.[107]

3.2.3.2 Systembesonderheiten

Das Franchise-Handbuch dient auch im System von global office den Franchise-Nehmern als maßgeblicher Leitfaden für deren Geschäftsaufbau. Der Outsourcing-Spezialist hat sich für die Dokumentationsform eines Online-Handbuches entschieden und erhofft sich vom passwortgeschützten Zugang einen erhöhten Datenschutz. Darüber hinaus ist das Handbuch interaktiv gestaltet und wartet mit eigenem Forum, Kommentaren und einer Suchfunktion auf.

Die wesentlichen Inhaltspunkte sind:[108]

- Marktsituation und Wettbewerbsumfeld

- Geschäftskonzept

- Unternehmensphilosophie

- Leistungsportfolio

- Marketing und Lead-Gewinnung

---

[107] Vgl. global office (2012e), S. 24 u. 36.

[108] Vgl. global office (2012e), S. 14 f.

- Verantwortlichkeiten und Ansprechpartner der Systemzentrale

- Systementwicklung und Ideenmanagement

- Beirat

Der Anhang beinhaltet u. a. Präsentationen, Broschüren, Druckvorlagen, Marketing-Guidelines und eine Wettbewerberanalyse.

Die Systemzentrale des Franchise-Gebers betreut neben der klassischen Systemorganisation auch das Franchise-Nehmer-Management und Trainingsprogramm. Sie führt die zweitägige Präsenz-Startschulung für Systemeinsteiger durch und koordiniert regelmäßige Webinare (Online-Seminare) mit vertrieblichen Schwerpunkten. Dieser Wissenstransfer beinhaltet auch die Einführung in das Kundenbeziehungsmanagementprogramm der SAP AG aus Walldorf. Außerdem arrangiert die Zentrale das dreimonatige Mentoring-Programm. Bei diesem Mentoring werden die Franchise-Nehmer von ihren erfahrenen Pendants telefonisch oder per Video-Chat betreut und können bei den ersten Kundenterminen persönlich begleitet werden. Im Gegenzug wird der Zeitaufwand mit einer Provisionsbeteiligung entlohnt.[109]

Das besagte Franchise-Nehmer-Management erstreckt sich von der Eröffnungs-PR über die telefonische Erreichbarkeit bis hin zum technischen Support per Email (optional auch über eine Hotline). Im Detail besteht die PR-Unterstützung zur Eröffnung aus der Erstellung einer Pressemitteilung, der Abstimmung eines Presseverteilers und der anschließenden Aussendung. Die anfängliche Gründungs- und Finanzierungsberatung erfolgt i. d. R. über eine vermittelte Gründungsberatung, welche den Existenzgründer entgeltlich bei der Businessplan- und Ertragsvorschauerstellung sowie bei der Vorbereitung eines Bankgespräches unterstützen kann. Eine weitere systematische und regelmäßige Vor-Ort-Betreuung über das Mentoring-Programm hinaus ist nicht vorgesehen. Allerdings sind deutschlandweit mehrere Regionalleiter aktiv und können die Franchise-Nehmer gelegentlich bei Kundenbesuchen betreuen. Zwecks Franchise-Nehmer-Beteiligung wurde im Jahre 2011 ein dreiköpfiger Beirat installiert, ein Kick-off-Meeting (Systemauftakttreffen) veranstaltet und Mitte 2012 die erste ERFA-Tagung des Franchise-Systems organisiert. Der Beirat setzt sich aktuell aus Franchise-Nehmern und Regionalleitern zusammen.[110]

---

[109] Vgl. global office (2012c), S. 1; global office (2012e), S. 12 u. 37.

[110] Vgl. global office (2012b), S. 11 u. 36.

3.2.3.3 Franchise-Nehmer-Startpaket und Gegenwert des Werbekostenzuschusses

Jeder Systemeinsteiger erhält ein systemspezifisches „Starter Set" (Startpaket) von global office, um einen möglichst optimalen Geschäftsstart realisieren zu können. Dieses Paket beinhaltet neben der üblichen Erstauflage von Visitenkarten, Broschüren und Briefpapier sowie einer begrenzten Büroausstattung aus zwei Aufstellern nebst Türeingangsschild, eine umfangreichere Geschäftsausstattung:[111]

- global office Demokonto („Show account") für Produktpräsentationen

- global office Agentenarbeitsplatz-Plattform für das Kontenmanagement

- global office Mitgliederkonto für die Eigennutzung des Erreichbarkeitsservices, Büromaterialservices, Travelmanagements und Fuhrparkmanagements zu exklusiven Sonderkonditionen

- Outlook-Exchange Postfach für den geschäftlichen Emailverkehr

- zentral verwaltete Landing Page (Onlinelandeseite) mit individueller Mitgestaltungsmöglichkeit

- automatische Rufumleitung auf individuelle Rufnummer (global office operiert mit zentralisierten Standortrufnummern)

- uneingeschränkte Nutzung von „SAP Business byDesign" als renommierte CRM-Software

- Spezialtarife für Mobilkommunikation, mobiles Internet und für die temporäre Büronutzung bei den Geschäftspartnern „T-Mobile" und „ilo business center"

- etc.

Der Einstieg in das Franchise-System von global office verpflichtet einen Franchise-Nehmer zu der monatlichen Zahlung eines vertraglich fixierten Werbekostenzuschusses. Diese pauschale Gebühr von 500 Euro (zzgl. USt.) verlangt der Franchise-Geber als Gegenleistung für bestimmte Aufwendungen, die seinerseits erbracht werden. Beispielsweise wird auf die Durchführung nationaler Großveranstaltungen, die Teilnahme an nationalen Wettbewerben, nationale Anzeigen- und PR-Aktivitäten sowie auf das Abschließen von Rah-

---

[111] Vgl. global office (2012e), S. 4-11.

menverträgen (u. a. mit der Allianz Versicherung, dem BDU –Bund Deutscher Unternehmensberater und mit der ZWH – Zentralstelle für die Weiterbildung im Handwerk) verwiesen. Diesbezügliche Hauptmotive sind die Steigerung der Markenbekanntheit, Imagepflege und Leadgewinnung. Ergänzend hinzu kommen die monetäre Kompensation für die gewährten Testzeiträume bei potenziellen Kunden (jeweils eine Woche inklusive Minutennutzung), die materielle wie immaterielle Unterstützung bei lokalen Marketingveranstaltungen und die Erstellung des global office-Monatsreports.[112]

3.2.4 Systemzertifizierungen und Produktauszeichnungen

Eine Zertifizierung des Franchise-Systems „global office" seitens eines geschätzten Franchise-Institutes, wie dem DFV oder dem F&C, erfolgte bis dato nicht. Allerdings wurde bereits eine Franchise-Nehmer-Zufriedenheitsanalyse über das auf die Franchise-Wirtschaft fokussierte Internet-Portal der FranchisePORTAL GmbH aus Lohmar durchgeführt. Mit Hilfe dessen Analyseinstrument „QUALIFACTION Franchise" können die Bewertungen von mindestens 45 Prozent der Franchise-Nehmer eines Systems online und auf anonyme Weise erfasst werden. Im Falle von global office nahmen 11 von 16 eingeladenen Franchise-Nehmern an dieser Bewertung teil, als das Franchise-System noch kein Jahr alt war. Das Gesamtergebnis wurde damals mit der Schulnote 1,7 (gut) beziffert. Laut Franchise-Nehmer-Gemeinschaft stachen im Detail u. a. die Standortbestimmung, Schulungen, Betreuung und das Leistungsportfolio (Produkte und Dienstleistungen) mit einer sehr guten Bewertung positiv hervor. Eher negativ fiel die befriedigende Marktbekanntheit auf.[113]

Nachdem global office mit seinem Leistungsportfolio bereits mehrmals erfolgreich an diversen Wettbewerben teilgenommen hatte, beispielsweise wurde 2009 ein Gewinnerplatz bei „Potenzial Innovation" errungen und 2012 ein Finalistenplatz bei den „EuroCloud Awards" in der Kategorie „Anwender", folgte dieses Jahr eine Kundenzufriedenheitsanalyse über das Marktforschungsinstitut „United Research" aus Hamburg. Auch hier fiel die Gesamtnote mit 1,7 „gut" aus und fußte auf einer 85 prozentigen Produktzufriedenheit seitens der Kunden sowie auf einer 97 prozentigen Zufriedenheit mit den Ansprechpartnern der Firma.[114]

---

[112] Vgl. global office (2012e), S. 18 f.

[113] Vgl. global office (2012e), S. 15-17.

[114] Vgl. global office (2012b), S. 7; global office (2012d), S. 1 f.

3.3 Systemspezifische Chancen und Risiken von „global office"

Ein erfolgreiches Franchise-System hat bereits einen weiten Weg hinter sich gebracht. Nach absolvierter Konzeption, Erprobung, Lancierung und Etablierung des Systems beginnen der kontinuierliche Optimierungsprozess und die nachhaltige Systemexpansion. Legitimerweise geht ein solcher Franchise-Geber verhalten mit Aushändigungen von wichtigen Know-how-Dokumentationen um und ist bedacht, Dokumente vom Format des Franchise-Vertrages und des Franchise-Handbuches weitestgehend unter Verschluss zu halten. Insofern kann eine finale und akribische Systembewertung basierend auf unvertraulichem Material nicht ausgearbeitet werden. Ziel dieses Abschnittes ist es somit eher, auffallende Aspekte positiver oder negativer Art innerhalb der absolvierten Recherchen zu benennen und inhaltlich einzuordnen.

3.3.1 Franchise-Vertrag und -Handbuch

Ein Franchise-Vertrag und das dazugehörige Handbuch müssen mehrere rechtliche, inhaltliche, gestalterische und qualitative Vorgaben erfüllen, um gesetzlichen Anforderungen zu genügen, branchenüblichen Muss-Kriterien standzuhalten oder um im Idealfall die Qualitätskriterien einer Systemexzellenz zu erfüllen (siehe Abschnitte 2.4.1, 2.4.2 und 2.4.3.4). Diesbezüglich fallen beim Franchise-System von global office der anfangs generöse und nur eventuell depressive Gebietsschutz, das zwölfmonatige Sonderkündigungsrecht nebst anteiliger Gebührenrückerstattung und die vertraglich fixierte Nachfolgeregelung mittels Standortbewertungsmodell besonders positiv auf.

Die vorvertragliche Pflichteneinhaltung scheint unter gesetzlichen Bestimmungen gegeben zu sein und impliziert sogar die vorvertragliche Einsicht des Handbuches. Die Wahrung der unternehmerischen Selbständigkeit des Franchise-Nehmers ist größtenteils gewährleistet, beispielsweise kann die Vertragslaufzeit mit Hilfe der einseitigen Vertragsoption auf mindestens acht Jahre verlängert werden und der Handlungs- und Gestaltungsspielraum ist Dank der fehlenden Outlet-Pflicht und der eigenverantwortlichen Kundenkontaktierung, -akquise, -beratung sowie Kundenbetreuung überdurchschnittlich groß. Einen negativen Punkt stellt der sehr geringe Einfluss auf die eigene Preis- und Rechnungsgestaltung dar.

Ein weiterer Konzeptvorteil bezieht sich auf die Kosten- und Gebührenstruktur. Insbesondere die nicht vorhandene Outlet-Pflicht und die Kernleistungserbringung seitens des Franchise-Gebers schonen die Personal- und Kapitalressourcen im signifikanten Maße.

Im Detail sind keine Mietzahlungen, Inventarerwerb, Rechnungsstellung, Inkassomanagement und kein Lagerbestand erforderlich. Sukzessive ergänzt werden diese materiellen und immateriellen Ressourcenvorteile durch die Möglichkeit der Eigennutzung des Erreichbarkeits-, Büromaterial- und Fuhrparkservices zu systeminternen Sonderkonditionen. Im Hinblick auf die Franchise-Gebühren treffen ein moderater, pauschaler Werbekostenzuschuss, eine aufgrund der Provisionsvergütung fehlende, monatliche Gebühr und eine relativ hoch angesetzte Eintrittsgebühr mit geringem Sachgegenwert (siehe Abschnitt 3.2.3.3) aufeinander. Die Berücksichtigung der vertraglichen, moralischen und konzeptionellen Vorgaben des Ethikkodexes und Network-Governance-Kodexes kann nicht abschließend erörtert werden, da eine Absolvierung des DFV System-Checks oder eines ähnlichen Prozederes fehlt. Es kann lediglich festgehalten werden, dass global office dem Franchise-Nehmer keine inbegriffene, professionelle Standortanalyse laut Ethikkodex anbietet, sondern sich auf die gesetzlich vorgeschriebene Unterstützung des Franchise-Nehmers beschränkt. Das Franchise-Handbuch wiederum beinhaltet die relevanten Kernelemente, ist interaktiv gestaltet und ermöglicht einen geschützten sowie ortsungebundenen Online-Zugriff.

3.3.2 Systemmanagement

Die hier vorfindbaren Elemente des Systemmanagements sind das Geschäftskonzept in Bezug auf Marktpotenzial und Leistungsportfolio, der Gegenwert des Werbekostenzuschusses, das Marketing mitsamt dem Markenkonzept sowie die Systemführung, -entwicklung und -zertifizierung. Das chancenreiche Marktpotenzial beruht auf den universellen und multiplen Anwendungsmöglichkeiten des nicht minder aussichtsreichen Leistungsportfolios innerhalb zahlreicher Unternehmungen und Verwaltungen verschiedenster Größen. Die Güte der angebotenen Produkte und Dienstleistungen kann u. a. mit der Reputation der technologischen Partner (Deutsche Telekom, Dell, Microsoft etc.) oder mit den Businesspartnern von Benchmark-Charakter (Lufthansa, OTTO, tolingo translations etc.) verdeutlicht werden. Des Weiteren bescheinigt United Research eine hohe Kundenzufriedenheit und Praxisbeispiele deuten auf die mögliche Realisierung von Kosteneinsparungen und Umsatzsteigerungen auf Seiten der Kunden hin. Die Förderlichkeit einer solchen Win-Win-Situation (Situation mit zwei Gewinnerparteien) ist im Vertriebsalltag nicht weg zu diskutieren. Andererseits sind die fehlenden Applikationen (Apps) für den mobilen Gebrauch und der Mangel an anerkannten bzw. bekannten Produktauszeichnungen vom Renommee eins TÜV- oder DEKRA-Siegels weniger lobenswert. Immerhin geht es für potenzielle Kunden um das Outsourcing von erfolgskritischen und technologisch anspruchsvollen Arbeitsprozessen.

Der Gegenwert des Werbekostenzuschusses gestaltet sich für den Franchise-Nehmer sehr attraktiv. Die eingeschlossene Nutzung eines CRM-Tools von SAP, die Zurverfügungstellung der zwei bewährten Verkaufsinstrumente „Show Account" und „Kundentestzeiträume" sowie die parallel stattfindende Leadgewinnung via Internetpräsenz, Rahmenverträge, Großveranstaltungen oder dergleichen bieten einen akquiserelevanten Mehrwert im Geschäftsalltag. Beim Marketing und Markenkonzept hingegen, im Verbund mit einer optimal kommunizierbaren Systemzertifizierung, fällt das Urteil neutraler aus. Zum einen findet nationales Aktions- und Imagemarketing u. a. in Form von Anzeigenaktivitäten, Wettbewerbsteilnahmen oder Veranstaltungsbeteiligungen statt, gewährleistet eine separate PR-Abteilung die öffentlichkeitswirksame Pressearbeit, wurden Wort-Bild-Marken geschützt und überzeugte die Franchise-Nehmer-Zufriedenheit in einer anonym erfassten Umfrage seitens der FranchisePORTAL GmbH. Zum anderen wurde bis dato keine flächendeckende Marktbekanntheit erreicht und keine explizite Zertifizierung des Franchise-Systems erfolgreich absolviert.

Wieder zurückkommend zu erfolgversprechenderen Sektionen, richtet sich der Blick auf die Systemführung und -entwicklung. Im Stile einer inhabergeführten Firma sind die zwei Hauptgesellschafter als Geschäftsführer tätig und die weiteren Teilhaber fungieren ebenfalls auf operativer respektive strategischer Ebene. Besonders hervorzuheben ist hier der besitzinvolvierte Franchise-Experte Reinhard Wingral, welcher für die Systementwicklung verantwortlich ist und dort bereits seine Expertise aussichtsreich einbringen konnte. Abzulesen ist dies u. a. an der bis dato erfolgreich gestalteten Systemexpansion in Deutschland, Österreich und der Schweiz sowie am sukzessive ausgeweitetem Produkt- und Dienstleistungsprogramm innerhalb des Innovationsmanagements.

3.3.3 Systemzentrale

Die Organisation und Ausrichtung der Systemzentrale scheint summa summarum suboptimal geglückt zu sein. Zwar sorgt die Systemzentrale, durch die effektive Arbeitsentlastung der Franchise-Nehmer-Gemeinschaft in Form der übernommenen Rechnungsstellung, des Inkassomanagements und in Form der zentral verwalteten Landing Pages für eine zielgerichtete Umsetzung des Arbeitsteilungsgedankens. Hinzu kommt auch die organisatorische Unterstützung im Bereich der Franchise-Nehmer-Beteiligung, welche bisher in der Installierung eines Beirates und in der Abhaltung der ersten ERFA-Tagung mündete. Allerdings tun sich im Hinblick auf das Franchise-Nehmer-Management partielle Defizite auf. Fokussierend auf die Themenpunkte der Systemeingliederungspflicht, Betriebsförderungspflicht, Partnerschaftsbilanz und des Trainingsprogramms (siehe Abschnitte 2.4.1.3 und 2.4.4.2 bis 2.4.4.4) fällt insbesondere erstgenannter negativ auf. Diese Pflicht zur Systemeingliederung umfasst im Falle von global office die Durchführung einer Eröffnungs-PR und den theoretischen Teil der Startschulung in Präsenzform. Indessen mangelt es aber am Eröffnungsmarketing, einer kostenlosen Gründungsberatung sowie an einem praktischen Teil der Startschulung im Umfeld eines Pilotbetriebes oder Franchise-Outlets (bzw. Home Offices). Der Betriebsförderungspflicht kommt die Systemzentrale im Rahmen der lokalen Marketingunterstützung, der telefonischen und elektronischen Erreichbarkeit der Ansprechpartner und der Koordinierung des dreimonatigen Mentoring-Programmes teilweise erfolgreich nach. Ferner ist ein technischer Support per Emailverkehr gesichert, eine praxisnahe Erweiterung der Ansprechpartner durch die Installierung mehrerer Regionalleiter realisiert und wurden gelegentliche, persönliche Standortbesuche oder Terminbegleitungen ermöglicht. Doch ebensolche, örtliche bzw. persönliche Betreuung wird nicht in systematischer und regelmäßiger Form umgesetzt. Das Mentoring-Programm hat zwar seine Wirksamkeit laut Franchise-Nehmer-Resonanz unter Beweis gestellt, doch in Bezug auf die Betreuungpflicht kann diese zeitlich begrenzte und finanziell zu entlohnende Maßnahme nicht als Gewährleistung fungieren. Befriedigender aufgestellt ist das Trainingsprogramm, welches regelmäßige, ortsungebundene und weniger zeitintensive Webinare umfasst. Eine Franchise-Nehmer-Zufriedenheitsanalyse fand bisher einmalig mittels dem System „QUALIFACTION Franchise" statt und wurde dort mit einem guten Ergebnis belegt.

Resümierend betrachtet kann auf Basis dieses Überblickes geäußert werden, dass die elementaren Erfolgsfaktoren à la Leistungsportfolio, Marktpotenzial, Vertriebsinstrumente, Kostenbasis und Einnahmemöglichkeiten als überdurchschnittlich erfolgsversprechend deklariert werden können. Suboptimale Ausprägungsmerkmale können hauptsächlich in den Bereichen der Gründungsphase und der systematischen Betreuung vorgefunden werden, allerdings sind diese größtenteils leicht optimierbarer Natur.

4   Fazit

4.1   Kritische Würdigung

Das Konzept des Franchisings stellt nach wie vor nicht per se die optimalste Gründungs-, Vertriebs-, Wachstums- oder Internationalisierungsform dar und es bedarf daher stets einer individuellen Betrachtung der situativen Rahmenbedingungen, um eine nachhaltig optimale Entscheidung für oder gegen das Franchising bzw. ein bestimmtes Franchise-System zu treffen. Diese situativen Rahmenbedingungen implizieren in besonderer Weise die Chancen und Risiken des Franchisings von konzeptioneller und systemspezifischer Natur. Das Kernergebnis dieses wissenschaftlichen Werkes ist es, einen solchen Überblick in multiperspektivischer und praxisbezogener Form verschafft zu haben. Hierbei gewährleistet das zweite Kapitel die thematische Fundierung mittels der theoretischen Grundlagen. Im Detail umfassen diese die Meilensteine einer Systemkonzeption, -realisierung und -etablierung sowie die vertiefte Darstellung der Hauptbestandteile eines Franchise-Systems. Im dritten Kapitel folgt die Erörterung des Titelthemas. Perspektivisch eingeteilt in die Blickwinkel der Franchise-Geber und deren Franchise-Nehmer wird mit der Gegenüberstellung von potenziellen Chancen und kritischen Risiken im konzeptionellen Sinne begonnen.

Die herausragenden Vorteile des Franchisings aus Franchise-Geber-Sicht sind der mittel- bis langfristig ressourcenschonende Umgang mit Kapital und Personal sowie die effiziente und zielgerichtete Arbeitsteilung nebst Prozessbündelung. Hintergrund dieser Merkmale sind die Investitionstätigungen der Franchise-Nehmer, die Rekapitalisierung des Systems via Eintrittsgebühren sowie das extra Maß an Motivation, Engagement und Eigeninitiative seitens der selbstständigen Systemmitglieder. Eher negativ behaftet ist die Einschränkung der Durchgriffsrechte. Dies hat zur Folge, dass Ziele, Vorgaben und Systemänderungen nicht hierarchisch oktroyiert werden können, sondern in partnerschaftlicher Kooperation initiiert werden müssen. Die weiteren Risiken des Praxisalltages umfassen u. a. die signifikanten Folgen einer Outlet-Fehlbesetzung und den permanenten Leistungsdruck von Seiten der Franchise-Nehmer-Gemeinschaft.

Die Franchise-Nehmer-Perspektive offenbart wiederum andere Aspekte des Franchisings. Lizenznehmer profitieren hauptsächlich von dem erprobten Geschäftskonzept, dem hohen Professionalisierungsgrad, der Kernkompetenzfokussierung, den systemimmanenten Verbundvorteilen, den größeren Umsatzpotenzialen, den erfolgreicheren

Fremdfinanzierungsabschlüssen, der statistisch wahrscheinlicheren Überlebensfähigkeit, der Möglichkeit einer internen Filialisierung und von dem förderlichen Franchise-Nehmer-Networking. Dem stehen die Erweiterung der Risikofaktoren um die dritte Dimension der Franchise-Gebers, die Begrenzung der unternehmerischen Gestaltungsfreiheit, die partiell sehr hohen Anfangsinvestitionen sowie die Konfliktpotenziale im Bereich der Kooperationsbeendigung und inbegriffenen Nachfolgeregelung nachteilig gegenüber.

Die systemspezifische Darstellung der Chancen und Risiken von global office verfolgte primär das Ziel der Veranschaulichung, wie mit Hilfe der im zweiten Kapitel vorgestellten Kriterien eine differenzierte Systembewertung angestrebt werden kann. Unter selbigen Voraussetzungen werden auch die immensen Informations- und Einschätzungsvorteile von Systemzertifizierungen und Verbandmitgliedschaften verdeutlicht, insbesondere gilt dies für „DIN geprüfte Unternehmensnetzwerke" und „geprüfte Mitglieder nach der Richtlinie DFV System-Check".

4.2 Ausblick

Meine Recherchen im Rahmen dieser Bucherarbeitung brachten diverse Indizien für Branchentrends hervor. Der prägnanteste Trend scheint die Verschiebung des Rekrutierungsfokusses bei der Franchise-Nehmer-Auswahl zu sein. Dieser Fokus war bis dato fast ausschließlich Existenzgründern gewidmet, die den Schritt in die Selbständigkeit wagen wollten. Doch nun zeichnet sich laut Torben Brodersen, dem Geschäftsführer des DFV, eine Fokuserweiterung um etablierte Unternehmen zwecks deren Portfolioerweiterung oder gänzlichen Umflaggung ab[115]. Weiterhin Bestand hat auch die andauernde Entwicklung der systeminternen Filialisierung. Diese Form der Expansion findet bei der Franchise-Nehmer-Gemeinschaft immer mehr Anklang und lässt sich mit Zahlen belegen, da laut dem Franchise-Monitor 2012 des Instituts für Markenfranchise aus Bonn im Jahre 2004 die Franchise-Nehmer im Schnitt nur 1,19 Outlets betrieben und diese Zahl im Hinblick auf die Hochrechnungen für 2012 bis dato auf 1,32 Outlets pro Franchise-Nehmer angestiegen ist[116]. Dass allgemeine Strömungen seitens der Unternehmens- oder Kundenwelt auch vor der Franchise-Branche nicht Halt machen, bestätigen u. a. die

---

[115] Vgl. FranchisePORTAL (2012), S. 1.

[116] Vgl. Institut für Markenfranchise (2012b), S. 1.

Aussagen der Franchise-Expertin und erfolgreichen Buchautorin Veronika Bellone[117]. Sie deutet in ihren Schriften darauf hin, wie sehr das Reputationsmanagement und das sogenannte „Greenfranchising" Einfluss auf die kommenden Tendenzen innerhalb der Franchise-Branche haben werden. Ersteres bezieht sich auf den Aufbau und Erhalt eines erstrebenswerten System- und Produktrufes. Das Greenfranchising indessen propagiert das verantwortungsvolle und nachhaltige Handeln im ökonomischen, ökologischen, sozialen und kulturellen Sinne.

---

[117] Vgl. Bellone, V. (2012), S. 1.

Anlage 1:   **Ein Musterverzeichnis des Franchise-Vertrages nach Flohr, Schulz und Wessels**[118]

A. Vertragliche Grundlagen

     a. Präambel

     b. Gegenstand der Franchise

     c. Räumlicher und sachlicher Gebietsschutz

     d. Vertragspartner

     e. Vertragsbestandteile

B. Leistungsinhalte

     a. Leistungen des Franchise-Gebers

         i. Handbücher

         ii. Gewerbliche Schutzrechte

         iii. Trainingsprogramm und Tagungen

         iv. Know-how-Weiterentwicklung

         v. Marketing, Werbung und PR-Maßnahmen

         vi. Franchise-Nehmer-Management

         vii. Lieferantennetzwerk und Rahmenverträge

         viii. Sonstige Leistungen und Pflichten

---

[118] Vgl. Flohr, E.; Schulz, A.; Wessels, A. M. (2008), S. 190 f.

d. Folgen der Vertragsbeendigung

E. Allgemeine Bestimmungen

   a. Verjährung

   b. Rechtswahl

   c. Erfüllungsort bzw. Gerichtsstand

   d. Schriftform

   e. Vertragsänderungen

   f. Salvatorische Klausel

   g. Mediation, Schlichtung und Schiedsgerichtverfahren

   h. Dokument zur vorvertraglichen Aufklärung

   i. Anlagenverzeichnis:

      i. Widerrufsbelehrung mit Empfangsbestätigung

      ii. Gebietskarte

      iii. Allgemeine Geschäftsbedingungen

      iv. Grundausstattungsliste

      v. Zusatzverträge (z.B. Untermietvertrag)

      vi. Weitere Anlagen (z.B. Geheimhaltungsverpflichtung)

      vii. Ergänzungsvereinbarungen zum Franchise-Vertrag

Anlage 2: **Ein Musterverzeichnis des Franchise-Handbuches nach Syncon International**[119]

A. Franchise-Handbuch

---

[119] Vgl. Syncon International (2002), S. 4-8.

a. Funktionen

b. Handhabung

c. Aufbau

d. Richtlinien

B. Umfeld

    a. Marktsituation

    b. Gebietspotenzial

    c. Wettbewerbssituation

    d. Eigene Positionierung

    e. Marktaussichten

C. Systemspezifisches Konzept und Philosophie

    a. Leitbild und Vision

    b. Unternehmensphilosophie

    c. Marktziele und -strategie

    d. Erfolgsmerkmale und USPs

    e. Werbe- und Marketingkonzept (Zusammenfassung)

    f. Unternehmenshistorie

D. Franchise-System

    a. Wesen des Franchisings

    b. Aufbau- und Ablauforganisation

    c. arbeitsteilige Kooperation

    d. Instrumente

    e. Verfahren

E. Marketing

    a. Name, Logo und Slogan des Franchise-Systems

    b. Außen- und Innengestaltung

    c. Corporate Identity

    d. Kennzeichnungs-System

    e. Systemtypische Attribute

    f. Geschäftspapiere

    g. Zielgruppen

    h. Marketingbotschaft

    i. Werbe- und Marketingkonzept (detailliert)

        i. lokal und regional

        ii. national und international

    j. Mediaplan

    k. Verkaufsförderungsplan

    l. Produkt Placement und Category Management

    m. Dekorationsleitlinien und –service

    n. Pressearbeit

F. Organisation

    a. Adresse und Firmendaten

    b. Organigramm

    c. Ansprechpartner (nach Funktion und Namen)

G. Management Services

    a. Wirtschaftsplanung

      b. Dienstleistungssortiment

      c. saisonale Schwerpunkte

      d. konzeptionsgerechte Konditionen und Preispolitik

K. Trainingsprogramm

      a. Trainings-Basics

      b. Folgeschulungen

L. Systemschutz

      a. Schutzrechte

      b. Franchise-Vertrag (Ergänzungen)

      c. Franchise-Gebühren (Ergänzungen)

Anlage 3:   **Experteninterview mit Stephan Neuschulten (Protokoll)**[120]

<u>I. Einleitung</u>

Das Experteninterview fand am 24.08.2012 um 17 Uhr statt und wurde telefonisch geführt. Die Teilnehmer waren Stephan Neuschulten und Alexander Iliasa (Interviewer).

<u>II. Expertenportrait</u>

Stephan Neuschulten ist Geschäftsführer und Gesellschafter der Neuschulten Unternehmensberatung GmbH aus Wuppertal (Anschrift: Vohwinkeler Str. 58, 42329 Wuppertal). Dort fungiert er operativ als Gründungs- und Finanzierungsberater innerhalb Deutschlands. Des Weiteren ist er als Dozent für die IHK Bonn tätig, ist beim Deutschen Franchise-Verband (DFV e. V.) als assoziierter Experte gelistet und ist parallel Gesellschafter eines handwerklichen Familienbetriebes.

---

[120] Vgl. Iliasa, A. (2012), Experteninterview.

III. Wortlaut bzw. Inhalt

Iliasa: *Wie viele Unternehmensgründungen bzw. -finanzierungen haben Sie bereits betreut und wie hoch war der Anteil an diesbezüglichen Franchise-Projekten?*

Neuschulten: Wir sind nun seit über zehn Jahren erfolgreich am Markt aktiv und haben innerhalb dieser Periode weit über 1400 Gründungsberatungen durchgeführt. Die Schwerpunkte dabei waren die Erstellung von Businessplänen, die Beantragung von Zuschüssen und die Finanzierungsberatung. In Bezug auf diese Gründungsberatungen fanden über 90 Prozent im Rahmen des angestrebten Zutrittes eines Franchise-Systems statt. Hervorzuheben ist auch, dass wir hierbei u. a. mit einer Systemneutralität punkten können, da wir bereits potenzielle Franchise-Nehmer von mehr als 40 verschiedenen Franchise-Systemen betreut haben. Dieser neutrale Systemansatz im Zusammenspiel mit unserer reichhaltigen Expertise ist in Deutschland nicht oft vertreten.

Iliasa: *Worauf achtet Ihren Erfahrungen nach ein Fremdfinanzierer besonders bei der Begutachtung eines Franchise-Systems?*

Neuschulten: Die Gründungspraxis deutet immer wieder darauf hin, dass die Fremdfinanzierer bzw. die Kreditinstitute im Rahmen einer Franchise-Finanzierung auf eine eventuelle Mitgliedschaft des Franchise-Systems im DFV achten. Denn der dortige DFV System-Check, dessen erfolgreiche Absolvierung die Grundvoraussetzung einer Mitgliedschaft ist, wird von den Hauptakteuren der Finanzierung als eine Art „TÜV von Franchise-Systemen" anerkannt. Die Hauptakteure innerhalb der Franchise-Finanzierung sind laut unseren Erfahrungen seitens der Banken die jeweiligen Sparkassen und Volksbanken sowie die Deutsche Bank, die Commerzbank und teilweise auch die Hypovereinsbank. Hinsichtlich möglicher Zuschüsse arbeiten wir mit den örtlichen Arbeitsagenturen und den regionalen Förderbanken der KfW-Bankengruppe zusammen. Bei allen Beteiligten werden Verbandsmitgliedschaften und Zertifizierungen, insbesondere im Zusammenhang mit dem DFV, als Qualitätsindiz für ein Franchise-System gewertet.

Der zweite Aspekt ist die Begutachtung des Leistungsportfolios durch die Beraterin bzw. den Berater der Bank. Hierbei wird besonders darauf geachtet, inwieweit die angebotenen Produkte und Dienstleistungen des Franchise-Systems als marktfähig deklariert werden können. Von dem Einfluss der persönlichen Neigung kann sich erfahrungsgemäß auch die Beratungsinstanz der Bank nicht freisprechen. Somit kann beispielsweise die

Branchenattraktivität durchaus unterschiedlich eingeschätzt werden und entzieht sich zumindest im kleinen Maße dem Einfluss des Franchise-Systems. Als weiteren wichtigen Punkt würde ich die Dokumentation der Franchise-Geber-Leistungen nennen, vor allem hinsichtlich der Franchise-Nehmer-Betreuung. Der Fremdfinanzierer möchte im Detail wissen, welche Leistungen seitens des Franchise-Systems erbracht werden und wie sich in dem Geschäftsalltag die Franchise-Nehmer-Betreuung darstellen wird. Als besonders kritisch wird hier die Gründungsphase eingeordnet. Als letztes Bewertungselement mit Blick auf ein erfolgsversprechendes Geschäftskonzept gilt die Vorlage von aussagekräftigen Vergleichszahlen. Insbesondere bei etablierten Systemen ist die Aushändigung solcher Zahlen ein absolutes Muss.

Iliasa: *Welche Aspekte sind bezüglich der potenziellen Franchise-Nehmer für eine erfolgreiche Fremdfinanzierung entscheidend?*

Neuschulten: Die fokussierte Sicht auf die potenzielle Franchise-Nehmer-Person bzw. auf die oder den Gründungswilligen ist innerhalb einer angestrebten Fremdfinanzierung elementar. Denn auch wenn der Businessplan an sich und der Beitrag der gewählten Gründungsberatung einen spürbaren Einfluss auf den Ausgang der Finanzierungsverhandlungen haben, so stellt die sich präsentierende Gründungsperson den entscheidenden Faktor bei der Begutachtung des Vorhabens dar. Im Detail wird auf deren Auftritt, Standing und Überzeugungskraft ebenso wertgelegt, wie auf deren Qualifikation und Berufslaufbahn. Problematisch kann diesbezüglich in der Praxis eine fehlende fachliche oder kaufmännische Qualifikation sein - auch wenn eine Gründung via Franchising fehlende Kompetenzen größtenteils kompensieren kann - oder eine dem Alter unangemessene Anzahl an Arbeitgebern. Traditionelle Bonitätsfaktoren in Bezug auf die Gründungsperson sind natürlich nachwievor von Bedeutung. Hier gilt es anhand von Schufa-Auskunft, Sicherheiten und dem Eigenkapital den Bonitätsanforderungen zu genügen und den Eindruck zu vermitteln, dass das geforderte Fremdkapital vollständig und fristgerecht beglichen werden kann. In Bezug auf das Eigenkapital achtet der Fremdfinanzierer nicht ausschließlich auf dessen Höhe, sondern auch auf dessen Herkunft. Langfristig realisierte Ersparnisse fördern beispielsweise den Eindruck der erforderlichen Weitsicht und Disziplin seitens der Gründungsperson.

Iliasa: *Inwiefern können etwaig positive Auswirkungen einer Existenzgründung via Franchising innerhalb des Finanzierungsprozesses beziffert werden?*

Neuschulten: Die Herausforderung in Deutschland ist es, überhaupt eine Gründungsfinanzierung genehmigt bzw. realisiert zu bekommen, unabhängig ob nun als Einzelvorhaben oder im Rahmen eines Franchise-Systems. Ergo steht hierbei nicht der ausverhandelte Zinssatz im Vordergrund, sondern der erfolgreiche Abschluss an sich. Denn einerseits werden eine Gründungsperson und sein Gründungsvorhaben vom Grundsatz her unvorteilhafter bewertet als ein Unternehmer mit etabliertem Unternehmen und vorzeigbaren Erfolgszahlen. Andererseits haben sich im Falle einer Kreditzusage in der Gründungsfinanzierung national gewisse Zinssätze etabliert, die Dank der öffentlichen Förderungen für Existenzgründer bis dato auf einem fairen Niveau geblieben sind, sprich zwischen vier bis sieben Prozent per anno liegen. Eine Existenzgründung via Franchising hat insofern primär einen positiven Einfluss auf die Abschlussquote einer Fremdfinanzierung und eher sekundär auf den Zinssatz. Beziffern lässt sich erstgenannter Effekt insofern, dass für eine Gründungsfinanzierung im Allgemeinen eine Abschlussquote der Finanzierung von etwa 20-30 Prozent angesetzt werden kann, während die Gründung via Franchising eine Quote von circa 50 Prozent impliziert. Unser Beratungshaus im Speziellen steht sogar für Abschlussquoten von über 90 Prozent.

Iliasa: *Ich bedanke mich bei Ihnen für dieses Interview und wünsche Ihnen weiterhin viel Erfolg.*

Neuschulten: Es war mir ein Vergnügen und ich verbleibe ebenfalls mit besten Wünschen.

III   Literaturverzeichnis

Ahlert, D. (2010): *Wertorientiertes Management von F&C Netzwerken – Ein neues Paradigma für das Netzwerkmanagement in Unternehmenskooperationen?*, in: Ahlert, D.; Ahlert, M. (Hrsg.), Handbuch Franchising und Cooperation – Das Management kooperativer Unternehmensnetzwerke, Frankfurt am Main 2010, S. 231-298

Ahlert, D.; Ahlert, M. (2010): *Netzgeführte Marken – Markenmanagement in Unternehmensnetzwerken*, in: Ahlert, D.; Ahlert, M. (Hrsg.), Handbuch Franchising und Cooperation – Das Management kooperativer Unternehmensnetzwerke, Frankfurt am Main 2010, S. 361-381

Ahlert, D.; Wunderlich, M.; Ziegler, J. (2002): *Chancen und Risiken der Internationalisierung von Franchisesystemen*, in: Ahlert, M. (Hrsg.), F&C Studien, Münster 2002, F&C Studie 4

Ahlert, D. et al. bzw. Ahlert, D.; Binder, C.; Gutjahr, G.; Hengsbach, F.; Kruse, P.; Markowitsch, H. J.; Merten, K.; Zernisch, P. (2004): *Ertragsreserven aus Markenkapital*, 2. Auflage, Wiesbaden 2004.

Ahlert, D. et al. bzw. Ahlert, D.; Brodersen, T. L.; Bolsenkötter, B.; Erdmann, B.; Ewig, H.; Flohr, E.; Korte, O.; Olesch, G.; Weischer, W.; Zentes, J. (2010): *Network-Governance-Kodex*, in: Deutscher Franchise-Verband e. V.; Deutscher Genossenschafts- und Raiffeisenverband e. V.; Network-Governance-Kommission; PricewaterhouseCoopers AG; Zentralverband Gewerblicher Verbundgruppen e. V. (Hrsg.), Network-Governance-Kodex – Exzellente Unternehmensführung in kooperativen Unternehmensnetzwerken, o. O. 2010, S. 11-16

Ahlert, M. (2010): *Controllingkonzeptionen für Franchisesysteme*, in: Ahlert, D.; Ahlert, M. (Hrsg.), Handbuch Franchising und Cooperation – Das Management kooperativer Unternehmensnetzwerke, Frankfurt am Main 2010, S. 411-449

Ahlert, M.; Brodersen, T. L. (2010): *Zertifizierung kooperativer Unternehmens-netzwerke: Qualitätsanspruch und Wirklichkeit*, in: Ahlert, D.; Ahlert, M. (Hrsg.), Handbuch Franchising und Cooperation – Das Management kooperativer Unternehmensnetzwerke, Frankfurt am Main 2010, S. 155-176

Ahlert, M.; Duong Dinh, H.-V.; Gehrmann, K. (2010): *Franchising – Ein Überblick*, in: Ahlert, D.; Ahlert, M. (Hrsg.), Handbuch Franchising und Cooperation – Das Management kooperativer Unternehmensnetzwerke, Frankfurt am Main 2010, S. 29-58

Boehm, H. (2009): *Konzeption und Erstellung von Franchise-Handbüchern*, München 2009

Boehm, H. (2010): *Die System-Zentrale als Dienstleister der Franchise-Nehmer*, München 2010

Boehm, H. (2011): *Die Betreuung der Franchise-Nehmer*, München 2011

Brodersen, T. L.; Korte, O.; Veltmann, L. (2010): *Vorwort*, in: Deutscher Franchise-Verband e. V.; Deutscher Genossenschafts- und Raiffeisenverband e. V.; Network-Governance-Kommission; PricewaterhouseCoopers AG; Zentralverband Gewerblicher Verbundgruppen e. V. (Hrsg.), Network-Governance-Kodex – Exzellente Unternehmensführung in kooperativen Unternehmensnetzwerken, o. O. 2010, S. 2

Brüderl, J.; Preisendörfer, P.; Ziegler, R. (2009): *Der Erfolg neugegründeter Betriebe – Eine empirische Studie zu den Chancen und Risiken von Unternehmensgründungen*, 3. Auflage, Berlin 2009

Christ, J. (2011): *Das Büro aus der Wolke*, in: Haufe-Lexware (Hrsg.), ProFirma, Vol. 14, Heft 07-08/2011, Freiburg 2012, S. 16

DFV (1999): *Existenzgründung mit System*, Berlin 1999

DFV (2010): *Franchise-Fakten 2010. Erfolgreich selbständig – mit Sicherheit*, Berlin 2010

DFV (2011): *INFO-Paket*, Berlin 2011

DFV (2012): *Franchise-Ratgeber 2012/2013 – Mit starken Partnern gemeinsam zum Ziel*, Berlin 2012

Dietzel, K. (2011): *Mit Franchising regionale Märkte erobern,* in: Haufe-Lexware (Hrsg.), ProFirma, Vol. 14, Heft 09-11/2011, Freiburg 2011, S. 38 f.

DIN CERTCO (2011): *Zertifizierungsprogramm – Kooperative Unternehmens-netzwerke*, Berlin 2011

Einbock, M. et al. bzw. Einbock, M.; Käsbauer, M.; Kummer, S.; Mating, A. (2000): *Franchising bei Verkehrsbetrieben*, Dresden 2000

Flohr, E. (1998): *Franchise-Vertrag*, München 1998

Flohr, E. (2008): *Eigene Filialen gründen*, in: Flohr, E.; Nebel, J.; Schulz, A. (Hrsg.), Das Franchise-System – Handbuch für Franchisegeber und Franchisenehmer, München 2008, S. 547-550

Flohr, E. (2010*): Von Franchisesystemen zu Franchisenetzwerken*, in: Ahlert, D.; Ahlert, M. (Hrsg.), Handbuch Franchising und Cooperation – Das Management kooperativer Unternehmensnetzwerke, Frankfurt am Main 2010, S. 487-508

Flohr, E.; Wessels, A. M. (2008): *Der Pilot: Know-how auf dem Prüfstand,* in: Flohr, E.; Nebel, J.; Schulz, A. (Hrsg.), Das Franchise-System – Handbuch für Franchisegeber und Franchisenehmer, München 2008, S. 74-80

Flohr, E.; Schulz, A.; Wessels, A. M. (2008): *Der Franchisevertrag*, in: Flohr, E.; Nebel, J.; Schulz, A. (Hrsg.), Das Franchise-System – Handbuch für Franchisegeber und Franchisenehmer, München 2008, S. 180-225

Franchise Business Club (2011): *Zahlen Daten Fakten global office*, Köln 2011

Franchise Direkt (2012): *Selbständig im Franchising – Ihr Wegweiser zur richtigen Entscheidung*, Dublin (Irland) 2011

Friedl, B.; Schweitzer, M. (1992): *Beitrag zu einer umfassenden Controlling-Konzeption*, in: Spremann, K.; Zur, E. (Hrsg.), Controlling, Wiesbaden 1992, S. 141-167

Gajewski, K.; Nebel, J. (2008): *Die Gremien des Franchise-Systems*, in: Flohr, E.; Nebel, J.; Schulz, A. (Hrsg.), Das Franchise-System – Handbuch für Franchisegeber und Franchisenehmer, München 2008, S. 375-383

Garmaier, G. (2009): *Wirtschaftsethische Aspekte des Franchisings: Franchising als Instrument zur Überwindung von Dilemmastrukturen*, München 2009

global office (2012a): *Unternehmensbroschüre – Update your office*, Montabaur 2012

global office (2012b): *Basis-Pressemappe global office*, Montabaur 2012

global office (2012e): *Unterlagen für Franchise-Interessenten und –Interessentinnen*, Montabaur 2012

Günterberg, B. (2012): *Gründungen, Liquidationen, Insolvenzen 2010 in Deutschland*, in: IfM Bonn – Institut für Mittelstandsforschung (Hrsg.), Daten und Fakten Nr. 1, 2. Fassung, Bonn 2012, S. 1-145

Hagen, T.; Kohn, K.; Ullrich, K. (2011): *Dynamisches Gründungsgeschehen im Konjunkturaufschwung – Jährliche Analyse von Struktur und Dynamik des Gründungsgeschehens in Deutschland*, in: KfW Bankengruppe (Hrsg.), KfW-Gründungsmonitor 2011, Frankfurt am Main 2011, S. 1-73

Helge, M. K.; Holtbrügge, D. (2003): *Internationales Management – Theorien, Funktionen, Fallstudien*, 3. Auflage, Stuttgart 2003

Heinemann, G. (2008): *Multi-Channel-Handel – Erfolgsfaktoren und Best Practices*, Wiesbaden 2008

Hempelmann, B. (2000): *Optimales Franchising – Eine ökonomische Analyse der Vertragsgestaltung in Franchise-Beziehungen*, Heidelberg 2000

Hero, M. (2010): *Strukturen der Internationalisierung eines Franchise-Systems*, in: Ahlert, D.; Ahlert, M. (Hrsg.), Handbuch Franchising und Cooperation – Das Management kooperativer Unternehmensnetzwerke, Frankfurt am Main 2010, S. 547-564

Holt, P. D.; Kremar, A.; Zwisler, C. E. (2008): *The Basics of International Master Franchising*, Orlando (USA) 2008

Iliasa, A. (2012): *Experteninterview mit Stephan Neuschulten*, Düsseldorf 2012

Kadgiehn, H. (2009): *Distribution und Vertrieb*, Bremen 2009

Kaub, E. (1980): Franchise-Systeme in der Gastronomie, Dissertation , Saarbrücken 1980

Kieser, W. (2008): *Standardisierung beim Franchising*, in: Flohr, E.; Nebel, J.; Schulz, A. (Hrsg.), Das Franchise-System – Handbuch für Franchisegeber und Franchisenehmer, München 2008, S. 112-116

Kiewitt, A. (2007a): *Die unternehmerische Partnerschaft – Bausteine und Erfolgs-faktoren*, in: Aschenbrenner, S. H.; Kiewitt, A.; Klapperich, J.; Peckert, F. (Hrsg.), Franchise und Kooperation 2008 – Das Jahrbuch der Selbständigkeit mit System, Frankfurt am Main 2007, S. 105-134

Kiewitt, A. (2007b): *Internationalisierung von Franchise-Systemen via Master-Franchise*, in: Aschenbrenner, S. H.; Kiewitt, A.; Klapperich, J.; Peckert, F. (Hrsg.), Franchise und Kooperation 2008 – Das Jahrbuch der Selbständigkeit mit System, Frankfurt am Main 2007, S. 397-410

Klapperich, J. (2007): *Recht: Die vertragliche Basis der Franchise-Partnerschaft*, in: Aschenbrenner, S. H.; Kiewitt, A.; Klapperich, J.; Peckert, F. (Hrsg.), Franchise und Kooperation 2008 – Das Jahrbuch der Selbständigkeit mit System, Frankfurt am Main 2007, S. 147-166

Köster, J. (2007): *Internationales Franchising – Rechtliche und wirtschaftliche Aspekte eines ausländischen Franchisesystems in Deutschland*, Saarbrücken 2007

Kreuzer, C. (2007): *BWL kompakt – Die 100 wichtigsten Themen der Betriebswirtschaft für Praktiker*, Wien 2007

Martius, W. (2008): *Die Marke – ein Erfolgsgarant im Franchising*, Salzburg 2008

Martius, W. (2009): *Der Know-how Transfer im Franchising – Franchise-Handbücher, Intranet, Wikis und Web & Co. 2.0*, Salzburg 2009

Martius, W. (2010a): *Fairplay Franchising – Spielregeln für partnerschaftlichen Erfolg*, 2. Auflage, Wiesbaden 2010

Martius, W. (2010b): *Führung in Franchisesystemen*, in: Ahlert, D.; Ahlert, M. (Hrsg.), Handbuch Franchising und Cooperation – Das Management kooperativer Unternehmensnetzwerke, Frankfurt am Main 2010, S. 345-360

Meffert, H. (2000): *Dienstleistungsmarketing*, Wiesbaden 2000

Nebel, J. (2008a): *Dokumentation des Erfolges: Das Betriebshandbuch für die ersten Franchisenehmer*, in: Flohr, E.; Nebel, J.; Schulz, A. (Hrsg.), Das Franchise-System – Handbuch für Franchisegeber und Franchisenehmer, München 2008, S. 131-140

Nebel, J. (2008b): *Die Idee fassbar machen: Dokumentation als erster Schritt zum späteren Handbuch*, in: Flohr, E.; Nebel, J.; Schulz, A. (Hrsg.), Das Franchise-System – Handbuch für Franchisegeber und Franchisenehmer, München 2008, S. 5-11

Neubauer, M. (2011): *Firmengründungen – Einstieg mit System*, in: a3 Wirtschafts-verlag (Hrsg.), a3-eco, Heft 12/2011, Mödling 2011, S. 20-22

Olesch, G. (2010): *Bedeutung des Network-Governance-Kodex – Ein eigener Kodex für kooperative Netzwerke?*, in: Deutscher Franchise-Verband e. V.; Deutscher Genossenschafts- und Raiffeisenverband e. V.; Network-Governance-Kommission; PricewaterhouseCoopers AG; Zentralverband Gewerblicher Verbundgruppen e. V. (Hrsg.), Network-Governance-Kodex – Exzellente Unternehmensführung in kooperativen Unternehmensnetzwerken, o. O. 2010, S. 4 f.

Ommen, N. O. (2010): *Innovationsmanagement 2.0 in Unternehmensnetzwerken*, in: Ahlert, D.; Ahlert, M. (Hrsg.), Handbuch Franchising und Cooperation – Das Management kooperativer Unternehmensnetzwerke, Frankfurt am Main 2010, S. 177-211

Ordyniec, K. (2011): *Virtuelles Vorzimmer*, in: Springer Automotive Media (Hrsg.), AUTOHAUS, Heft 14-15/2011, München 2011, S. 62 f.

Peckert, F. (2007a): *Franchise – Wiege der erfolgreichen Expansion*, in: Aschenbrenner, S. H.; Kiewitt, A.; Klapperich, J.; Peckert, F. (Hrsg.), Franchise und Kooperation 2008 – Das Jahrbuch der Selbständigkeit mit System, Frankfurt am Main 2007, S. 23-66

Peckert, F. (2007b): *Markenfranchise – die neun Meilensteine des Aufbaus*, in: Aschenbrenner, S. H.; Kiewitt, A.; Klapperich, J.; Peckert, F. (Hrsg.), Franchise und Kooperation 2008 – Das Jahrbuch der Selbständigkeit mit System, Frankfurt am Main 2007, S. 67-91

Peckert, F. (2012): *Franchise-Branche wächst stetig*, in: Haufe-Lexware (Hrsg.), ProFirma, Vol. 15, Heft 01-02/2012, Freiburg 2012, S. 72

Pokrandt, A. (2008): *Konzeption und Aufbau eines Franchise-Systems – am Beispiel eines gastronomischen Betriebes*, Hamburg 2008

Rogalsky, I. (2007): *Franchise – Unternehmer mit System*, in: Aschenbrenner, S. H.; Kiewitt, A.; Klapperich, J.; Peckert, F. (Hrsg.), Franchise und Kooperation 2008 – Das Jahrbuch der Selbständigkeit mit System, Frankfurt am Main 2007, S. 189-393

Schäfer, G. (2007): *Die Pflicht des Franchisegebers zu vorvertraglicher Aufklärung*, Baden-Baden 2007 (zugleich Dissertation Frankfurt am Main 2006)

Schulz, A.; Wessels, A. M. (2008): *Internationale Franchisesysteme*, in: Flohr, E.; Nebel, J.; Schulz, A. (Hrsg.), Das Franchise-System – Handbuch für Franchisegeber und Franchisenehmer, München 2008, S. 576-581

Schwarz, S. (2011): *Was ist Corporate Communication?*, Brühl 2011

Syncon Deutschland (2010): *Ist mein Konzept franchisefähig?*, München 2010

Syncon International (2002): *Checkliste Franchise-Handbuch*, Salzburg 2002

Syncon International (2003): *Die Prozesse in einem Franchise-System*, Salzburg 2002

Voigt, A. (2012): *Franchising – Vorvertragliche Aufklärungspflichten*, München 2012

WIFI Unternehmerservice (2010): *Wissensmanagement für KMU*, Wien (Österreich) 2010

Wilhem, E. (2002): *Das ABC des Franchisings – Ein Leitfaden für Franchisenehmer und Franchisegeber*, Würzburg 2002

Verzeichnis der Internetquellen:

Bellone, V. (2012): *Franchise-Trends 2012*. URL: www.franchiseportal.de/franchise-praxis/Franchise-Trends-2012.html, Abruf am: 25.09.2012.

Brecht-Hadraschek, B. (2012): *Existenzgründung per Franchising*. URL: http://www.akademie.de/wissen/franchising, Abruf am 25.09.2012.

CRP-Infotec (2012): *Wirtschaftliche Entwicklung seit 2000*. URL: www.crp-infotec.de/01deu/wirtschaft/grafs/bip_entw_2000_ff_nom.gif, Abruf am 14.06.2012.

Erdmann, G. (2012). *Balanceakt zwischen Systemführung und unternehmerischer Selbstverantwortung des Franchisenehmers*. URL: http://www.franchise-net.de/fuer-existenzgruender/know-how/das-sollten-sie-wissen/rechtliche-aspekte/franchising-balanceakt-zwischen-systemfuehrung-und-unternehmerischer-selbstverantwortung-des-franchisenehmers/, Abruf am: 25.09.2012.

FranchisePORTAL (2012): *Das DFV Franchise-Forum 2012 – Resümee und Ausblick*. URL: www.franchiseportal.at/franchise-franchising/Article/ID/572/Session/1-ai7bwP5t-0-IP/guidObject/007280-20120509-163751-01/Das_DFV_Franvhise-Forum_2012_, Abruf am: 25.09.2012.

F&C (2012): *Profil*. URL: mcm-web.uni-muenster.de/ifhm/fundc/de/profil/index.php, Abruf am 02.03.2012.

global office (2012c): *global office bietet Partnern Extra-Support: Mentoring-Programm startet*. URL: www.global-office.de/news-reader-280/items/ global-office-bietet-partnern-extra-support-mentoring-programm-startet, Abruf am: 03.07.2012.

global office (2012d): *Kundenbefragung bei global office*. URL: www.global-office.de/news-reader-280/items/kundenbefragung-bei-global-office, Abruf am: 03.07.2012.

IfM Bonn (2012): Gründungs- und Liquidationsstatistik. URL: www.ifm-bonn.org/index.php?.utid=612&id=101, Abruf am: 08.09.2012.

Institut für Markenfranchise (2012a): *Franchise-Monitor 2012 - Investition in die Selbständigkeit*. URL: www.franchisemonitor.de.dd5524.kasserver.com/wp-content/uploads/2011/12/Investition.jpg, Abruf am 01.03.2012.

Institut für Markenfranchise (2012b): *Franchise-Monitor 2012 – Entwicklung Partnerzahl.* URL: www.franchisemonitor.de.dd5524.kasserver.com/wp-content/uploads/2011/12/Franchise-Partner.jpg Abruf am: 25.09.2012.

startothek (2012): *Franchising als Gründungsform.* URL: www.startothek.de/dokumente/franch.pdf, Abruf am 10.03.2012.

Ströbele AG (2012): Der Marktauftritt – Schlüssel zu mehr Erfolg. URL: http://www.stroebele.ch/fileadmin/documents/Fachartikel/FL_Fachartikel_Marktauftritt.pdf , Abruf am: 26.03.2012.

UBS (2012): Checkliste – Geschäftsmodelle im Vergleich (Internationalisierungs-formen). URL: http://www.static-ubs.com/ch/de/swissbank/business_banking/kmu/services/_jcr_content/par/linklist_4/link_14.1820544544.file/bGluay9wYXRoPS9jb250ZW50L2RhbS91YnMvY2gvdc3dpc3NiYW5rrL2ttdS8xNTc3MTFfR2VzY2hhZWZ0c21vZGVsbGUucGRm/157711_Geschaeftsmodelle .pdf, Abruf am: 08.09.2012.

WEKA MEDIA (2012): *Glossar/Lexikon – Formularvertrag.* URL: http://www.franchisestarter.de/franchise/glossar/ansicht/formularvertrag/, Abruf am: 10.03.2012.

Zinnäcker, M. (2012): *Neue Vorschläge zur Weiterentwicklung des Ethik-Kodex für faires Franchising.* URL: http://www.franchise-blog.de/2012/05/ethik-kodex-faires-franchising/, Abruf am: 25.09.2012.

Printed in Germany
by Amazon Distribution
GmbH, Leipzig